기초 일본어

김상원 저

기문사
www.kimoonsa.co.kr

머•리•말

언어란 해당 국가와 민족의 넋을 담는 그릇이다. 외국어를 익힘으로써 해당 국가의 역사, 문화, 사상의 깊은 부분까지 접근할 수 있을 것이다.

일본과는 이미 유사 이래로 교류가 활발하였고, 21세기를 맞이한 현재의 교류는 더욱 더 활발해지고 있는 것이 사실이다. 오랫동안 빗장을 걸어 잠그고 있던 일본문화도 오래전에 개방되었다. 음성적으로 유입되어 거의 모든 것이 개방되었다는 사실은 불문가지이다. 더구나 인터넷이라는 매체를 통하여, 이제는 일본문화를 거의 실시간으로 접할 수 있다.

오랫동안 일본어 과목을 가르쳐 오면서 다소 진부한 내용들을 답습하거나, 아직 기초적인 체계도 잡히지 않는 학습자에게 예삿말부터 무분별하게 익히게 함으로써 혼란을 주고 있는 것도 사실이다.

언어라는 것은 우선 가장 정중한 말부터 배우고, 조금씩 실생활에서 사용하는 예삿말을 익히는 것이 순서라고 생각한다. 예삿말 자체가 어느 정도 문법을 익힌 후에 이해할 수 있는 부분이기 때문이다.

본 교재는 일본어를 처음으로 배우는 이들을 위하여, 현지에서 자주 사용하는 내용을 중심으로 꼭 알아두어야 할 내용을 정리하였다. 처음에는 일본어 학습이 친숙해지도록 천천히 진행하면서, 6개월(한 학기 정도) 과정의 진도로 사용하면 효과적이다.

원고를 작성한 후, 다양한 분들의 조언을 구하였고 일본어 표현에 정확을 기하기 위해 원어민에게 최종 조언을 받았다. 또한 앞부분에 일본어 문자의 유래를 실어 기본적인 일본어에 대한 이해를 돕도록 하였다.

본서가 나오기까지 여러분들의 도움이 있었는데, 물심양면으로 지원을 아끼지 않으시는 김동수, 박기환 부모님, 사랑하는 아내 박미선, 관광에서 일본어의 소중함을 일깨워 주신 이종남 선배님, 교정을 맡아 수고해 주신 다니세키 가오루씨와 하치노 도모카 선생님께 이 자리를 빌어 감사를 드린다.

끝으로 본서의 출간을 지원해 주신 출판사 한인환 사장님과 한재성 부장님, 교정을 맡아주신 편집부 여러분께 감사드린다.

본서에서 사용한 이미지는 출처를 밝혔으며, 출처를 밝히지 않은 것은 저자가 촬영한 것과 제자 최철원 군의 허락을 받아 게재한 것임을 밝힙니다.

저자 씀

차•례

일본어란 무엇인가?

1. 일본 문자와 발음

일본어는 히라가나(ひらがな)와 가타카나(カタカナ), 한자(漢字), 로마자(ローマ字)를 사용한다.

1) **ひらがな** 한자의 초서체에서 만들어진 글자(표음문자)이다.

2) **カタカナ** 한자의 일부를 차용해서 만든 글자이다. 외국의 인명, 지명 등 외래어, 의성어, 의태어, 전보문, 전문용어 등을 표기하거나 강조할 때 사용한다.

3) **漢字** 한자는 중국에서 한반도를 거쳐 일본에 전해졌지만, 현대 일본어에서는 외국어라기보다는 일본 문자의 일부로 인식한다.

4) **ローマ字** 일본어의 발음을 표기하거나 워드프로세서나 컴퓨터 사용 시 번거로움을 없애기 위해 이 문자를 사용한다.

2. 50음도(五十音図)

1) 청음(ひらがな)

일본어는 원칙적으로 위에서 아래로, 오른쪽에서 왼쪽으로 표기하는데, 예전의 서적들을 떠올리면 된다. 글자 하나를 단(段), 글자 5개를 묶어 행(行)이라고 한다. 예를 들면 あ행이라고 하면 あいうえお를, あ행의 두 번째 단은 い가 된다. 일본어는 문법 설명 시, あ행을 주로 사용한다.

단＼행	あ행(모음)	か행	さ행	た행	な행	は행	ま행	や행(반모음)	ら행	わ행(반모음)	받침
あ단	あ a	か ka	さ sa	た ta	な na	は ha	ま ma	や ya	ら ra	わ wa	ん n
い단	い i	き ki	し si	ち tsi	に ni	ひ hi	み mi	(い) i	り ri	(い) i	
う단	う u	く ku	す su	つ tsu	ぬ nu	ふ hu	む mu	ゆ yu	る ru	(う) u	
え단	え e	け ke	せ se	て te	ね ne	へ he	め me	(え) e	れ re	(え) e	
お단	お o	こ ko	そ so	と to	の no	ほ ho	も mo	よ yo	ろ ro	を o	

2) 청음(カタカナ)

위의 모음과 반모음(중모음)을 제외한 모든 글자를 자음이라고 한다. 사실 한국식 사고방식으로는 자음과 모음 구별이 모호하지만, 일본어에서는 모음과 자음을 다음과 같이 구분한다.

단＼행	ア행(모음)	カ행	サ행	タ행	ナ행	ハ행	マ행	ヤ행(반모음)	ラ행	ワ행(반모음)	받침
ア단	ア a	カ ka	サ sa	タ ta	ナ na	ハ ha	マ ma	ヤ ya	ラ ra	ワ wa	ン n
イ단	イ i	キ ki	シ si	チ tsi	ニ ni	ヒ hi	ミ mi	(イ) i	リ ri	(イ) i	
ウ단	ウ u	ク ku	ス su	ツ tsu	ヌ nu	フ hu	ム mu	ユ yu	ル ru	(ウ) u	
エ단	エ e	ケ ke	セ se	テ te	ネ ne	ヘ he	メ me	(エ) e	レ re	(エ) e	
オ단	オ o	コ ko	ソ so	ト to	ノ no	ホ ho	モ mo	ヨ yo	ロ ro	ヲ o	

히라가나와 가타카나의 어원(유래)

▶ 히라가나(平仮名)

행 단	あ 행	か 행	さ 행	た 행	な 행	は 행	ま 행	や 행	ら 행	わ 행	
あ단	あ 安 편안할 안	か 加 더할 가	さ 左 왼 좌	た 太 클 태	な 奈 어찌 나	は 波 물결 파	ま 末 끝 말	や 也 잇기 야	ら 良 어질 량	わ 和 화할 화	ん 天 하늘 천
い단	い 以 써 이	き 幾 얼마 기	し 之 갈 지	ち 知 알 지	に 仁 어질 인	ひ 比 견줄 비	み 美 아름다울 미	(い) i	り 利 이로울 리	(い) i	
う단	う 宇 집 우	く 久 오랠 구	す 寸 마디 촌	つ 川 내 천	ぬ 奴 종 노	ふ 不 아닐 불	む 武 건장 무	ゆ 由 말미암을 유	る 留 머물 류	(う) u	
え단	え 衣 옷 의	け 計 셈 계	せ 世 인간 세	て 天 하늘 천	ね 祢 아비사당 니	へ 部 떼 부	め 女 계집 녀	(え) e	れ 禮 예도 례	(え) e	
お단	お 於 어조사 어	こ 己 몸 기	そ 曾 일찍 증	と 止 그칠 지	の 乃 어조사 내	ほ 保 지닐 보	も 毛 털 모	よ 與 더불 여	ろ 呂 풍류 여	を 遠 멀 원	

▶ 가타카나(片仮名)

행 단	ア 행	カ 행	サ 행	タ 행	ナ 행	ハ 행	マ 행	ヤ 행	ラ 행	ワ 행	
ア단	ア 阿 언덕 아	カ 加 더할 가	サ 散 흩어질 산	タ 多 많을 다	ナ 奈 어찌 나	ハ 八 여덟 팔	マ 末 끝 말	ヤ 也 잇기 야	ラ 良 어질 량	ワ 和 화할 화	ン 天 하늘 천
イ단	イ 伊 저 이	キ 幾 얼마 기	シ 之 갈 지	チ 千 일천 천	ニ 二 두 이	ヒ 比 견줄 비	ミ 三 석 삼	(イ) i	リ 利 이로울 리	(イ) i	
ウ단	ウ 宇 집 우	ク 久 오랠 구	ス 須 턱털 수	ツ 川 내 천	ヌ 奴 종 노	フ 不 아닐 불	ム 牟 소울 모	ユ 由 말미암을 유	ル 流 흐를 류	(ウ) u	
エ단	エ 江 가람 강	ケ 介 낄 개	セ 世 인간 세	テ 天 하늘 천	ネ 稱 칭할 칭	ヘ 部 떼 부	メ 女 계집 녀	(エ) e	レ 禮 예도 례	(エ) e	
オ단	オ 於 어조사 어	コ 己 몸 기	ソ 曾 일찍 증	ト 止 그칠 지	ノ 乃 어조사 내	ホ 保 지닐 보	モ 毛 털 모	ヨ 與 더불 여	ロ 呂 풍류 려	ヲ 乎 부를 호	

3) 탁음과 반탁음

か、さ、た、は행 오른쪽 상단에 탁점을 찍어 탁하게 발음하는 것을 탁음이라고 하고, は행 오른쪽 상단에 반탁점을 찍어 약간 탁하게 발음하는 것을 반탁음이라고 한다.

が ga	ざ za	だ da	ば ba	ぱ pa	ガ ga	ザ za	ダ da	バ ba	パ pa
ぎ gi	じ zi	ぢ zi	び bi	ぴ pi	ギ gi	ジ zi	ヂ zi	ビ bi	ピ pi
ぐ gu	ず zu	づ zu	ぶ bu	ぷ pu	グ gu	ズ zu	ヅ zu	ブ bu	プ pu
げ ge	ぜ ze	で de	べ be	ぺ pe	ゲ ge	ゼ ze	デ de	ベ be	ペ pe
ご go	ぞ zo	ど do	ぼ bo	ぽ po	ゴ go	ゾ zo	ド do	ボ bo	ポ po

4) 요음

자음의 두 번째 단 き、し、ち、に、ひ、み、り에 반모음 や、ゆ、よ를 작게 붙여 써서 한 음절로 발음하는 것을 말한다.

き(ぎ) + や ゆ よ	きゃ kya　ぎゃ gya きゅ kyu　ぎゅ gyu きょ kyo　ぎょ gyo	ひ(び/ぴ) + や ゆ よ	ひゃ hya　びゃ bya　ぴゃ pya ひゅ hyu　びゅ byu　ぴゅ pyu ひょ hyo　びょ byo　ぴょ pyo
し(じ) + や ゆ よ	しゃ sya　じゃ zya/jya しゅ syu　じゅ zyu/jyu しょ syo　じょ zyo/jyo	み + や ゆ よ	みゃ mya みゅ myu みょ myo
ち(ぢ) + や ゆ よ	ちゃ chya　ぢゃ chya ちゅ chyu　ぢゅ chyu ちょ chyo　ぢょ chyo	り + や ゆ よ	りゃ rya りゅ ryu りょ ryo
に + や ゆ よ	にゃ nya にゅ nyu にょ nyo		

5) 촉음

っ자를 작게 써서 받침 역할을 하는데, 다음에 오는 음에 따라 소리가 변한다. 즉 다음에 오는 자음에 따라 그 자음과 같은 자음이 된다. 우리말 받침 ㄱ, ㅂ, ㅅ(ㄷ)이 된다.

(1) か행 앞에서 ㄱ받침

学校(がっこう)、 国家(こっか)

(2) ぱ행 앞에서 ㅂ받침

一杯(いっぱい)、 一匹(いっぴき)

(3) さ、た행 앞에서 ㅅ(ㄷ) 받침

真(ま)っ直(す)ぐ、 雑誌(ざっし)、 納得(なっとく)

6) 발음

ん소리는 다른 글자 밑에서 받침으로 사용하는데, 경우에 따라 ㅁ(m)이나 ㄴ(n), ㅇ(ng), ㄴ(N)으로 발음된다.

(1) ま、ば、ぱ행 앞에서 ㅁ(m)

文明(ぶんめい)、 とんぼ、 散歩(さんぽ)

(2) さ、た、な、ら、ざ、だ행 앞에서 ㄴ(n)

先生(せんせい)、 反対(はんたい)、 新年(しんねん)、 便利(べんり)、 人情(にんじょう)、 現代(げんだい)

(3) か、が행 앞에서 ㅇ(ng)

天気(てんき)、 音楽(おんがく)

(4) 기타의 자음이나 모음 앞에 나오는 ん, 끝소리의 ん소리는 코로 공기가 흘러나가게 하면서 모음인 う를 가볍게 발음하는 기분으로 읽는다.

電話(でんわ)、婚約(こんやく)、玄関(げんかん)、専門(せんもん)

7) 장음

길게 발음하는 것을 장음이라고 하는데 예는 다음과 같다.

첫째 あ단(あ、か、さ、た、な、は、ま、ら)에는 あ
: おかあさん、おばあさん
둘째 い단(い、き、し(じ)、ち、に、ひ、み、り)에는 い
: おじいさん、おおきい
셋째 う단(う、く、す、つ、ぬ、ふ、む、る)에는 う
: くうき、ゆうき
넷째 え단(え、け、せ、て、ね、へ、め、れ)에는 え나 い
: おねえさん、がくせい
다섯째 お단(お、こ、そ、と、の、ほ、も、ろ) 에는 お나 う
: おとうと、とおい

장음은 한자의 경우, 해당하는 한 글자에서만 길게 발음하고, 다음에 나오는 한자와 같은 음이라 하더라도 끊어서 발음한다.

8) 외래어의 표기법

외래어는 원칙적으로 カタカナ로 표기하나, 한자어는 이미 일본어에 동화된 것이므로 ひらがな로 표기한다.

(1) 장음은 ―로 표기한다.

ボール(ball)　エース(ace)　デート(date)

(2) f음은 ファ, フィ, フ, フェ, フォ로 표기한다.

(3) b, v음은 バ、 ビ、 ブ、 ベ、 ボ로 표기한다.

그런데 v는 ヴァ、 ヴィ、 ヴ、 ヴェ、 ヴォ로 표기하는 경우도 있다.

バイオリン(violin)　　ビーカー(beaker)　　ブロック(block)

ベーコン(bacon)　　ボルト(volt)

(4) ti, di는 ティ、 ディ로 표기하며, two는 ツ로 표기한다.

t는 ツ、ト로도 표기한다.

ティー(tea)　　ディナー(dinner)　　ツー(two)

クリスマス ツリー(christmas tree)　　トラック(truck)

(5) 이중모음은 イェ 예, 복합모음 ウィ 위, ウェ 웨, ウォ 워

ウィスキー(whisky)　　ウェスタン(Western)　　ウォーター(Water)

01 あいさつ
인사

① すみません。(すいません)
② はじめまして。
③ おはよう。
おはよう ございます。
④ こんにちは。
⑤ こんばんは。
⑥ 久(ひさ)しぶり。
お久(ひさ)しぶりですね。
⑦ 元気(げんき)。
うん、 元気(げんき)だよ。
お元気(げんき)ですか。
はい、(お陰(かげ)さまで) 元気(げんき)です。
⑧ さようなら。
バイバイ
じゃ(あ)ね。
気(き)を つけて。
では(じゃ)、また。
⑨ どうも。
ありがとう。
ありがとう ございます。
どうも ありがとう。
どうも ありがとう ございます。

1. 인 사

① 실례합니다.(애교스러운 표현)

② 처음 뵙겠습니다.

③ 안녕
안녕하세요.(아침)

④ 안녕하세요.(점심)

⑤ 안녕하세요.(저녁)

⑥ 오랜만이다.(친한 사이)
오랜만입니다.

⑦ 잘 지내?
응, 잘 지내.
잘 지내십니까?
네, (덕분에) 잘 지냅니다.

⑧ 안녕히 가세요.
안녕, 잘 가.
잘 가.
조심해서 가세요.(안녕히 가세요)
그럼, 또

⑨ 고마워.
고마워.
고맙습니다.(감사합니다)
정말 고마워.
대단히 감사합니다.

단 어

あいさつ : 인사
すみません : 실례합니다
はじめまして : 처음 뵙겠습니다
おはよう(ございます) : (아침) 안녕하십니까?
こんにちは : (낮) 안녕하십니까?
こんばんは : (밤) 안녕하십니까?
久しぶりだ : 오랜만이다
元気だ : 건강하다
お元気ですか : 건강하십니까?
はい : 네, 예
お陰さまで : 덕분에
さようなら : 안녕히 계(가)세요
バイバイ : 안녕
じゃ(あ)ね : 그럼(친한 사이)
気を つけて : 조심하세요
では(じゃ)、また : 그럼 또

자료 : 장원기(2012). 테이블 매너.

문법과 문형

1. 말을 걸 때 쓰는 표현

すみません(すいません) : 미안합니다. 실례합니다. 감사합니다.

한국인 중에서 일본어를 조금 배운 적극적인 사람이 일본인들이 길거리에 눈에 띄면 자기 실력을 시험해 보려고 다짜고짜 "당신은 일본인입니까?(あなたは日本人(にほんじん)ですか)"라고 묻는 경우가 있는데, 이는 아주 실례되는 행동이다.

이때는 우선 すみません(실례합니다)으로 시작하는 것이 좋다. 그리고 말을 마치고 헤어질 때도 すみません、どうも라고 하면 무난하다.

2. 처음 만났을 때 사용하는 표현

はじめまして : 처음 뵙겠습니다.

처음 만났을 때나 소개를 받았을 때, 상대에게 처음 사용하는 표현이다.

どうぞ よろしく(お願(ねが)いします) : 잘 부탁합니다.

일본인들이 자기를 소개할 때 사용하는 아주 일반적인 표현이다.

3. 인사 표현

おはよう。 おはよう ございます。 こんにちは。 こんばんは。

일본은 우리나라와 달리, 아침, 점심, 저녁 인사가 다르다. 아침인사는 직역하면 '이르십니다', 낮 인사는 '오늘은', 저녁인사는 '오늘 저녁은'이라는 의미이다. 한국어의 '안녕하십니까?'나 '편안하십니까?'처럼 관용적으로 사용하는 인사말이다.

4. 오랜만에 다시 만났을 때 사용하는 표현

久しぶり。 お久しぶりですね。

오랜만에 만났을 때 하는 표현으로 자주 사용하므로 익혀두자.

5. 안부를 묻는 표현

元気。　　　　　　　　お元気ですか。

うん、 元気だよ。　　　　はい、(お陰様で) 元気です。

'잘 지내셨습니까?'를 お元気でしたか로 표현하는데 잘못된 표현이다.

6. 헤어질 때 하는 인사 표현

1) さようなら

한국에서 많이 알려져 있는 표현이다.
윗사람이나 오래 헤어질 때, 연인이 결별할 때 많이 사용한다.

2) バイバイ、じゃ(あ)ね

보통 때 동료나 친구 사이에 일반적으로 사용하는 표현이다.

3) 気を つけて(직역 : 조심해서 들어가세요)

이 표현도 자주 사용하는 표현이므로 익혀두자. 직역하면 '조심하세요'라는 의미이다. 한국에서도 '조심해서 들어가세요'라는 표현이 있어 흥미롭다.

4) では(じゃ)、また

직역하면 '그럼 또'라는 의미이다. '그럼 또 다음에 만납시다'라는 의미의 이별 인사이다.

7. 감사의 표현

(どうも) ありがとう (ございます)

친한 사이, 격의 없는 사이라면 どうも나 ありがとう를 사용하면 된다.

가장 정중한 표현은 どうも ありがとう ございます이며, 과거형으로 ます대신 ました를 사용해도 무방하다.

02 わたしは 学生(がくせい)です。

저는 학생입니다.

(あなたは) 学生(がくせい)ですか。

はい、そうです。わたしは 学生(がくせい)です。

山田(やまだ)さんも 学生(がくせい)ですか。

いいえ、(そうでは ありません) 彼(かれ)は 会社員(かいしゃいん)です。

キム・シワンさんは 韓国(かんこく)の人(ひと)ですか。北朝鮮(きたちょうせん)の人(ひと)ですか。

キム・シワンさんは 韓国(かんこく)の人(ひと)です。

(この人(ひと)は) 誰(だれ)ですか。

(その人(ひと)は) 学校(がっこう)の学生(がくせい)です。

その方(かた)は どなたですか。

この方(かた)は 中村(なかむら)さんで、日本語(にほんご)の先生(せんせい)です。

では、あの方(かた)は どなたですか。

あの方(かた)は ワンさんで、中国(ちゅうごく)の人(ひと)です。銀行員(ぎんこういん)です。

2. 저는 학생입니다.

(당신은) 학생입니까?

네, 그렇습니다. 저는 학생입니다.

야마다씨도 학생입니까?

아니오, (그렇지 않습니다) 그는 회사원입니다.

김시완씨는 한국인입니까? 북한인입니까?

김시완씨는 한국인입니다.

(이 사람은) 누구입니까?

(그 사람은) 학교 학생입니다.

그 분은 누구십니까?

이 분은 나카무라씨이고, 일본어 교수님입니다.

그럼, 저분은 누구십니까?

저 분은 왕씨이고, 중국인입니다. 은행원입니다.

단 어

私 : 나, 저
あなた : 당신, 너
彼 : 그 ↔ 彼女 : 그녀
学生 : 학생
学校 : 학교
先生 : 선생님, 교수님
~です : ~입니다
~では ありません : ~이 아닙니다
~ですか : ~입니까?
~で : ~이고
では : 그럼
そうです : 그렇습니다
~は : ~은, ~는
~も : ~도
この : 이
その : 그
あの : 저
誰 : 누구
どなた : 어느 분

日本語 : 일본어
韓国 : 대한민국
北朝鮮 : 북한
中国 : 중국
山田 : 야마다(일본인 성 중의 하나)
金始完(キムシワン) : 김시완
王(ワン) : 왕(중국인 성)
中村 : 나카무라
~さん : ~씨
人 : 사람
方 : 분(人의 높임말이기는 하나 단독으로 사용하지 못하고, 앞에 수식어가 놓여야 한다)
会社員 : 회사원
銀行員 : 은행원
はい : 네, 예
いいえ : 아니오

출처 : 네이버, 다음 이미지 검색

문법과 문형

1. ~は　~です。　　　~은, 는　~입니다.　　(긍정)
　~では ありません。　　~이(가) 아닙니다.　(부정)
　~ですか。　　~입니까?　　(의문)
　~で　~です。　　~이고　~입니다.　　(연결)

(わたしは) 会社員(かいしゃいん)です。　　(저는) 회사원**입니다.**

(わたしは) 中国人(ちゅうごくじん)では　ありません。　　(저는) 중국인이 **아닙니다.**

山田(やまだ)さんは 日本人(にほんじん)ですか。　　야마다씨는 일본인**입니까?**

金さんは 韓国人(かんこくじん)で　中村(なかむら)さんは　日本人(にほんじん)です。

김씨는 한국인**이고,** 나카무라씨는 일본인**입니다.**

2. 연체사 **この、その、あの、どの** : 이, 그, 저, 어느 연체사 뒤에는 명사가 오는 것이 보통인데, 명사를 수식하는 형용사가 오기도 한다.

この人(ひと)(이 사람)、　その方(かた)(그 분)、　あの建物(たてもの)(저 건물)

あの(高(たか)い)人(ひと)(그 키 큰 사람)、　この(広(ひろ)い)部屋(へや)(이 넓은 방)

3. **私(わたし)** : 1인칭 '나', 더 정중한 표현은 わたくし
　그 외에 僕(ぼく)、俺(おれ)가 있는데 남성들만 사용한다.

あなた : 2인칭 '당신', 대등한 관계나 손아랫사람에게 사용
　윗사람이나 낯선 사람에게는 이름+さん이나 직명

彼(かれ) : 3인칭 '그, 그 남자' 해당, – 彼氏(かれし)는 '애인'이라는 뜻
　彼女(かのじょ)는 '그 여자'라는 뜻이다.

■ 인칭대명사

1인칭	2인칭	3 인 칭			부정칭
		근칭	중칭	원칭	
私(わたくし) 私(わたし) 僕(ぼく) 俺(おれ)	あなた 君(きみ) おまえ あんた 貴様(きさま)	この人(ひと) この方(かた)	その人(ひと) その方(かた)	あの人(ひと) あの方(かた)	どなた 誰(だれ) どの人(ひと) どの方(かた)

おれ·きみ·おまえ는 남성용어이며, 특히 윗사람에게 삼가야 한다.
おれ·おまえ는 매우 거친 호칭으로 주의해서 사용해야 한다.
わたくし는 격식 차린 어투이며, わたし는 일상적인 표준어로 가장 많이 사용한다.

4. 일본어 한자는 음으로 읽는 법(音読(おんどく))과 뜻으로 읽는 법(訓読(くんどく))이 있다(일본은 한국보다는 한자의 활용이 폭 넓다). 대체로 한자가 한 글자이면 訓読(くんどく), 두 글자 이상은 音読(おんどく)이 많다.

音読(おんどく) : 韓国人(かんこくじん)、日本人(にほんじん)　　訓読(くんどく) : この人(ひと)、その人(ひと)、あの人(ひと)

■ 日本人들은 휴대폰 없나?

사업상 일본에 자주 간다. 얼마 전에 일본 철도 신칸센으로 후쿠오카에서 도쿄까지 갔다. 시속 285km로 달리지만 6시간 30분이나 걸리는 긴 여행이었다. 출발 후 3시간 정도 지나면서 매우 신기한 현상을 발견했다. 우리나라에서 열차 여행할 때 흔히 들을 수 있는 휴대전화 벨소리가 전혀 들리지 않았던 것이다. 관심을 갖고 둘러봤지만 도쿄에 도착할 때까지 단 한 번의 휴대전화 벨소리도 들을 수 없었다.

도쿄에서 업무를 마친 후, 기차를 타고 다시 후쿠오카로 갈 때는 옆자리에 젊은 남녀가 앉았고, 그들의 행동을 눈여겨 봤다. 오사카쯤을 지날 때 마침 젊은 청년이 휴대전화를 들고 부지런히 객실 밖으로 나가는 모습을 보았다. 벨소리가 들리지 않아서 돌아온 청년의 휴대전화를 살펴보니 진동모드로 설정돼 있었다. 후쿠오카에 도착할 때까지 역시 이번에도 휴대전화 벨소리는 전혀 들리지 않았다.

나중에 일본 친구로부터 "일본에서는 공공장소에서 휴대전화를 진동으로 전환시켜 놓는 것이 관례"라는 말을 들었다. 만일 공공장소에서 휴대전화 예절을 지키지 않으면 정신이상자 취급을 받는다는 것이다. 나보다 남을 먼저 배려하는 일본의 휴대전화 문화에서 일본 저력의 비결을 발견한 듯 했다.

출처 : 朴永成/46·(주) 제니스 파크 대표이사

연·습·문·제

1 漢字(かんじ)는 ひらがな로, ひらがな는 漢字(かんじ)로 쓰시오.

① 私	② 学生
③ 学校	④ 先生
⑤ 日本語	⑥ かれ
⑦ かんこく	⑧ きたちょうせん
⑨ だれ	⑩ ちゅうごくじん

2 (　) 안에 알맞은 조사를 넣으시오.

① あなた(　) 学生(がくせい)ですか。(당신은 학생입니까?)

② 山田(やまだ)さん(　) 学生(がくせい)ですか。(야마다씨도 학생입니까?)

③ この方(かた)は 中村(なかむら)さん(　)、　日本語(にほんご)の先生(せんせい)です。
(이 분은 나카무라씨이고　일본어 선생님입니다)

3 다음 문장을 예와 같이 바꾸어 보시오.

例(れい)：私(わたし)は 学生(がくせい)です。 → 私(わたし)は 学生(がくせい)では ありません。

① 中村(なかむら)さんは 銀行員(ぎんこういん)です。　→

② 山田(やまだ)さんは 先生(せんせい)です。 →

③ 彼(かれ)は 中国人(ちゅうごくじん)です。 →

2. わたしは 学生(がくせい)です。(저는 학생입니다)

4 다음 질문에 일본어로 대답해 보시오.

① あなたは 会社員(かいしゃいん)ですか。

→

② あの方(かた)は どなたですか。

→

③ 金さんは 韓国人(かんこくじん)ですか。

→

5 다음 문장을 일본어로 옮겨 보시오.

① 나카무라씨는 은행원이고, 야마다씨는 학생입니다.

→

② 네, 그렇습니다. 그는 한국인입니다.

→

③ 아니오, 그는 학생이 아닙니다. 회사원입니다.

→

03 これは 携帯(けいたい)です。

이것은 휴대폰입니다.

これは 携帯(けいたい)です。

それは 電子辞書(でんしじしょ)です。

あれは ガイドブックです。

これは 何(なん)ですか。

(それは) 日本語(にほんご)の辞書(じしょ)です。

それは 何(なん)の書類(しょるい)ですか。

(これは) 会議(かいぎ)の書類(しょるい)です。

それも 会議(かいぎ)の書類(しょるい)ですか。

いいえ、(これは) ゴミです。

あれは アルバムですか。

はい、(あれは) 卒業(そつぎょう)アルバムです。

どれが 韓国語(かんこくご)の本(ほん)ですか。

これです。

3. 이것은 휴대폰입니다.

이것은 휴대폰입니다.
그것은 전자사전입니다.
저것은 안내책자입니다.

이것은 무엇입니까?
(그것은) 일본어 사전입니다.

그것은 무슨 서류입니까?
(이것은) 회의서류입니다.

그것도 회의서류입니까?
아니오, (이것은) 쓰레기입니다.

저것은 앨범입니까?
네, (저것은) 졸업앨범입니다.

어느 것이 한국어 책입니까?
이것입니다.

단 어

これ : 이것
それ : 그것
あれ : 저것
どれ : 어느 것
~は : ~은, ~는
(이 글자는 본래 발음은 「하」지만 조사로 사용할 때는 「와」로 발음)
携帯(けいたい) : 휴대폰
電子辞書(でんしじしょ) : 전자사전
ガイドブック : 안내책자
何(なに) : 무엇
(~で 앞에서는 何(なん)으로 바뀜)
辭書(じしょ) : 사전
~の : ~의
(일본어는 반드시 명사와 명사 사이에는 の가 들어가야 한다)
日本語(にほんご) : 일본어
何(なん)の : 무슨(의미에 주의할 것)
書類(しょるい) : 서류
会議(かいぎ) : 회의
~も : ~도
ゴミ : 쓰레기
卒業(そつぎょう)アルバム : 졸업앨범
韓国語(かんこくご)の本(ほん) : 한국어 책

자료 : http://shopping.naver.com; http://search.naver.com

문법과 문형

1. 지시대명사, これ、それ、あれ、どれ는 각 이것, 그것, 저것, 어느 것을 나타낸다.

<u>これ</u>は　何ですか。　　　(이것은 무엇입니까?)

<u>それ</u>は　帽子です。　　　(그것은 모자입니다.)

<u>あれ</u>は　かばんです。　　(저것은 가방입니다.)

あなたの　傘は　<u>どれ</u>ですか。(당신 우산은 어느 것입니까?)

2. ~の

'~의'에 해당되는 조사로, 소유, 소속, 동격 등 여러 가지 뜻이 있다. 우리말의 '~의'는 주로 생략하지만, 일본어는 <u>**명사+の+명사**의 형태로 반드시 の를 넣어야 한다.</u> 단 <u>**고유명사는 생략**</u>한다.

ソウルの大学(X)　ーーー　ソウル大学(O)

3. こ、そ、あ、ど 1

연체사, 사물에 관한 단어들을 정리하자.

구　분	연체사	사물
近称(근칭)	この(이)	これ(이것)
中称(중칭)	その(그)	それ(그것)
遠称(원칭)	あの(저)	あれ(저것)
不定称(부정칭)	どの(어느)	どれ(어느 것)

3. これは携帯です。(이것은 휴대폰입니다)

연·습·문·제 ▶▶

1 漢字는 ひらがな로, ひらがな는 漢字로 쓰시오.

① 日本語　　② 辞書
③ 書類　　④ 会議
⑤ 卒業　　⑥ 携帯
⑦ かんこくご　　⑧ ほん
⑨ でんし　　⑩ なに

2 (　　) 안에 적당한 말을 쓰시오.

① これは (　　　)ですか。　それは 日本語の辞書です。

② それは (　　　)の書類ですか。　これは 会議の書類です。

③ (　　　)が 韓国語の本ですか。　これです。

④ (　　　) アルバムですか。　はい、あれは 卒業アルバムです。

3 다음 문장을 일본어로 옮기시오.

① 이것은 휴대폰입니다.
→

② 저것은 안내책자입니다.
→

③ 그것은 무슨 서류입니까?
→

④ 어느 것이 한국어 책입니까?
→

⑤ 네, (저것은) 졸업앨범입니다.
→

04 ここは 学校(がっこう)です。
여기는 학교입니다.

ここは 学校(がっこう)ですか。

はい、学校(がっこう)です。

ここは 何(なん)ですか。

そこは 図書館(としょかん)です。

あの建物(たてもの)は 何(なん)ですか。

あれは 病院(びょういん)です。

では、レストランは どこですか。

そのビルの地下(ちか)一階(いっかい)です。

喫茶店(きっさてん)は どこですか。

あそこのレストランの向(む)かいです。

トイレは どこですか。

そちらの階段(かいだん)の左側(ひだりがわ)です。

リムジンバス乗(の)り場(ば)は どこですか。

こちらのタクシー乗(の)り場(ば)の隣(となり)です。

4. 여기는 학교입니다.

여기는 학교입니까?
네, 학교입니다.

여기는 무엇입니까?
거기는 도서관입니다.

저 건물은 무엇입니까?
저것은 병원입니다.

그럼, 레스토랑은 어디입니까?
그 빌딩 지하 1층에 있습니다.

카페는 어디입니까?
저기 레스토랑 건너편입니다.

화장실은 어디입니까?
그쪽 계단 왼쪽입니다.

리무진 버스 정류장은 어느 쪽입니까?
이쪽 택시 승차장 옆입니다.

4. ここは学校(がっこう)です。(여기는 학교입니다)

단 어

ここ : 여기
そこ : 거기
あそこ : 저기
どこ : 어디
学校(がっこう) : 학교
図書館(としょかん) : 도서관
建物(たてもの) : 건물
病院(びょういん) : 병원
レストラン : 레스토랑
ビル : 빌딩
地下(ちか) : 지하 ↔ 地上(ちじょう)
一階(いっかい) : 1층
喫茶店(きっさてん) : 카페, 찻집
向(む)かい : 건너편
トイレ : 화장실
こちら : 이쪽
そちら : 그쪽
あちら : 저쪽
どちら : 어느 쪽
방문처가 아니면 보통 どこですか를 사용
階段(かいだん) : 계단
左側(ひだりがわ) : 좌측 ↔ 右側(みぎがわ) : 우측
リムジン : 리무진
バス停(てい) : 버스 정류장
タクシー : 택시
乗(の)り場(ば) : 승차장
隣(となり) : 옆

문법과 문형

1. 낯선 곳의 건물이나 길을 물어볼 때 사용하는 표현을 정리하자.

이번 과에서는 2가지 표현을 익혀 봤는데, 한 가지를 더 익혀두자.

レストランは **どこですか。** 레스토랑은 **어디입니까?**
あちらです。 저쪽입니다.

トイレは **どこですか。** 화장실은 **어디입니까?**
階段(かいだん)の右側(みぎがわ)です。 계단 오른쪽입니다.

タクシー乗(の)り場(ば)は **どこに ありますか。** 택시 승차장은 어디에 있습니까?
そこです。 거기입니다.

2. こ、そ、あ、ど 2

장소와 방향에 관한 단어들을 정리하자.

구 분	장소	방향
近称(근칭)	ここ	こちら ＝ こっち
中称(중칭)	そこ	そちら ＝ そっち
遠称(원칭)	あそこ	あちら ＝ あっち
不定称(부정칭)	どこ	どちら ＝ どっち

연·습·문·제 ▶▶

1 다음을 カタカナ로 쓰시오.

① 빌딩　　② 화장실　　③ 버스
④ 택시　　⑤ 레스토랑

2 漢字(かんじ)는 ひらがな로, ひらがな는 漢字(かんじ)로 쓰시오.

① 学校　　② 図書館
③ 建物　　④ 喫茶店
⑤ 病院　　⑥ ちか
⑦ かいだん　　⑧ のりば
⑨ いっかい　　⑩ ひだりがわ

3 (　　) 안에 적당한 말을 쓰시오.

① (　　　)、レストランは どこですか。
あそこです。

② トイレは (　　　　)ですか。
階段(かいだん)の右側(みぎがわ)です。

③ (　　　　)は どこですか。
あそこのレストランの向(む)こうです。

④ あの建物(たてもの)は (　)ですか。
あれは 病院(びょういん)です。

4 다음 문장을 일본어로 옮기시오.

① 거기는 도서관입니다.

→

② 그럼, 레스토랑은 어디입니까?

→

③ 카페는 어느 쪽입니까?

→

④ 버스 정류장은 저쪽입니다.

→

⑤ 이 건물은 도서관입니다.

→

▶ 「こ·そ·あ·ど」의 총정리

칭 / 의미	近称 (근칭)	中称 (중칭)	遠称 (원칭)	不定称 (부정칭)	接続 (접속)	品詞 (품사)
指示 (지시)	この 이	その 그	あの 저	どの 어느	체언 人. 時	연체사
事物 (사물)	これ 이것	それ 그것	あれ 저것	どれ 어느 것	は、が、を、も	지시대명사
場所 (장소)	ここ 여기	そこ 거기	あそこ 저기	どこ 어디	が、は、に、で	지시대명사
方向 (방향)	こちら (こっち) 이쪽	そちら (そっち) 그쪽	あちら (あっち) 저쪽	どちら (どっち) 어느 쪽	が、は、へ、から、に	지시대명사
例示 (예시)	こんな 이런	そんな 그런	あんな 저런	どんな 어떤	체언 人. 時	연체사
方法 (방법)	こう 이렇게	そう 그렇게	ああ 저렇게	どう 어떻게	いう、いった	부사

4. ここは 学校(がっこう)です。(여기는 학교입니다)

05 大(おお)きい かばん
큰 가방

大(おお)きい かばん　　小(ちい)さい 皿(さら)

長(なが)い 傘(かさ)　　短(みじか)い 距離(きょり)

厚(あつ)い 辞書(じしょ)　　薄(うす)い 絵本(えほん)

広(ひろ)い 部屋(へや)　　狭(せま)い 教室(きょうしつ)

私(わたし)の かばんは 大(おお)きい。　　妹(いもうと)の 皿(さら)は 小(ちい)さい。

彼女(かのじょ)は 足(あし)が 長(なが)い。　　彼(かれ)は 首(くび)が 短(みじか)い。

日本語(にほんご)の 辞書(じしょ)は 厚(あつ)いです。　　弟(おとうと)の 絵本(えほん)は 薄(うす)いです。

家(うち)の お庭(にわ)は 広(ひろ)いです。　　私(わたし)の 部屋(へや)は 狭(せま)いです。

5. 큰 가방

큰 가방 작은 접시

긴 우산 짧은 거리

두꺼운 사전 얇은 그림책

넓은 방 좁은 교실(강의실)

내 가방은 크다. 여동생 접시는 작다.

그녀는 다리가 길다. 그는 목이 짧다.

일본어 사전은 두껍습니다. 남동생 그림책은 얇습니다.

우리 집 정원은 넓습니다. 내 방은 좁습니다.

단 어

大(おお)きい : 크다, 큰
小(ちい)さい : 작다, 작은
長(なが)い : 길다, 긴
短(みじか)い : 짧다, 짧은
厚(あつ)い : 두껍다, 두꺼운
薄(うす)い : 얇다, 얇은
広(ひろ)い : 넓다, 넓은
狭(せま)い : 좁다, 좁은
かばん : 가방
皿(さら) : 접시
傘(かさ) : 우산
距離(きょり) : 거리
辞書(じしょ) : 사전
絵本(えほん) : 그림책
部屋(へや) : 방
教室(きょうしつ) : 교실, 강의실
妹(いもうと) : 여동생
弟(おとうと) : 남동생
足(あし) : 발
彼女(かのじょ) : 그녀 ↔ 彼(かれ) : 그
首(くび) : 목
家(うち) : 집
庭(にわ) : 정원, 마당

자료 : http://www.dnshop.com; http://www.tovy.co.kr; 인천 비치호텔; http://search.naver.com

문법과 문형

1. 이번 과에서는 형용사의 기초적인 내용을 정리한다. 우리말의 형용사와는 사용법이 다른 부분도 있으므로 잘 익혀두자.

일본어의 형용사는 전부 어미가 「い」로 끝난다. 형용사를 공손하게 표현하려면 어미에 「です」를 붙이면 된다.

일본어에서는 「큰」도 「大きい」이고, 「크다」도 「大きい」이다. 즉 명사 앞에서는 형용사의 역할로, 문장 끝에 오는 경우에는 서술어로 사용한다.

일본어의 모든 형용사가 이와 같다.

大きい　かばん	かばんは　大きい(です)。
小さい　皿	皿は　小さい(です)。
広い　お庭	お庭は　広い(です)。
狭い　部屋	部屋は　狭い(です)。

2. 형용사란 사물의 성질, 상태를 나타내는 말인데, 본문 외에도 다음과 같은 것들이 있다.

早い(이르다)	–	遅い(늦다)	新しい(새롭다)	–	古い(오래되다)
明るい(밝다)	–	暗い(어둡다)	熱い(뜨겁다)	–	冷たい(차갑다)
白い(하얗다)	–	黒い(까맣다)	高い(비싸다)	–	安い(싸다)
暖かい(따뜻하다)	–	涼しい(서늘하다)	近い(가깝다)	–	遠い(멀다)
太い(뚱뚱하다)	–	細い(마르다)	多い(많다)	–	少ない(적다)

연습문제

1 漢字(かんじ)는 ひらがな로, ひらがなは 漢字(かんじ)로 쓰시오.

① 距離　　② 妹
③ 弟　　④ 首
⑤ 庭　　⑥ きょうしつ
⑦ うち　　⑧ さら
⑨ へや　　⑩ あし

2 다음 낱말의 반대말을 쓰시오.

① 大(おお)きい(　　　)　　② 長(なが)い(　　　)
③ 薄(うす)い(　　　)　　④ 狭(せま)い(　　　)

3 (　) 안에 적당한 조사를 채워 넣으시오.

① 私(わたし)(　) かばんは 大(おお)きい。　　② 彼(かれ)は 首(くび)(　) 短(みじか)い。
③ 日本語(にほんご)の 辞書(じしょ)は 厚(あつ)い(　)。　　④ 妹(いもうと)の 皿(さら)(　) 小(ちい)さい。

4 다음 문장을 일본어로 옮기시오.

① 내 사전은 두껍습니다.
→
② 남동생 가방은 작습니다.
→
③ 여동생 그림책은 얇다.
→
④ 그는 다리가 길다.
→

06 広く ありません。
안 넓습니다.

ソウルと 東京と どちらが 大きいですか。
ソウルより 東京の方が 大きくて 人口も 多いです。

あなたの お部屋は 広いですか。
いいえ、広く ありません。 狭いです。

居間も 狭いですか。
いいえ、狭く ありません。 居間は 広くて 明るい 雰囲気です。

木村さんの傘は 赤いですか。
いいえ、赤く ないです。 青いです。

家から 学校まで 遠いですか。
はい、かなり 遠いです。

学校から 駅までも 遠いですか。
いいえ、遠く ありません。 近いです。

木村さん、韓国観光は どうでしたか。
すごく 良かったですよ。 遊ぶ 所も 多くて 食べ物も おいしかったです。

田村さん、 韓国語のテストは 難しかったんですか。
いいえ、あまり 難しく ありませんでした。

6. 안 넓습니다.

서울과 도쿄는 어느 쪽이 큽니까?
서울보다 도쿄(쪽)가 크고, 인구도 많습니다.

당신 방은 넓습니까?
아니오, 안 넓습니다. 좁습니다.

거실도 좁습니까?
아니오, 안 좁습니다. 거실은 넓고 밝은 분위기입니다.

기무라씨, 우산은 빨갛습니까?
아니오, 빨갛지 않습니다. 파랗습니다.

집에서 학교까지 멉니까?
네, 상당히 멉니다.

학교에서 역까지도 멉니까?
아니오, 안 멉니다. 가깝습니다.

기무라씨, 한국관광은 어떠했습니까?
상당히 좋았습니다. 놀 곳도 많고 음식도 맛있었습니다.

다무라씨, 한국어 시험은 어려웠습니까?
아니오, 별로 안 어려웠습니다.

단 어

ソウル : 서울
東京(とうきょう) : 도쿄
人口(じんこう) : 인구
居間(いま) : 거실
雰囲気(ふんいき) : 분위기
木村(きむら) : 기무라(일본인 성씨)
田村(たむら) : 다무라(일본인 성씨)
家(いえ) : 집
学校(がっこう) : 학교
駅(えき) : 역
韓国観光(かんこくかんこう) : 한국관광
遊(あそ)ぶ 所(ところ) : 노는 곳
食(た)べ物(もの) : 음식　* 飲(の)み物(もの) : 음료수
韓国語(かんこくご) : 한국어
テスト : 시험 = 試験(しけん)
~と ~と どちらが ~ですか :
　~과 ~과 어느 쪽이 ~입니까?
より: 보다(비교조사)
どうでしたか : 어떻습니까?

~方(ほう) : ~편
~が : ~가, ~이(주격조사)
~も : ~도
~くて : ~이고(형용사 연결어미)
~かった : ~이었다(형용사 과거형 어미)
~く ありません : ~이 아닙니다
　(형용사 부정형 어미)
~く ありませんでした :
　~이 아니었습니다(형용사 과거부정형 어미)
~から ~まで : ~에서 ~까지
かなり : 상당히, 꽤
あまり : 별로, 그다지
多(おお)い : 많다, 많은 ↔ 少(すく)ない
明(あか)るい : 밝다, 밝은 ↔ 暗(くら)い
赤(あか)い : 빨갛다, 빨간
青(あお)い : 파랗다, 파란
遠(とお)い : 멀다, 먼
近(ちか)い : 가깝다, 가까운
ごく : 상당히, 꽤
良(よ)い : 좋다, 좋은
難(むずか)しい : 어렵다, 어려운 ↔ 易(やさ)しい
おいしい : 맛있다, 맛있는 ↔ まずい

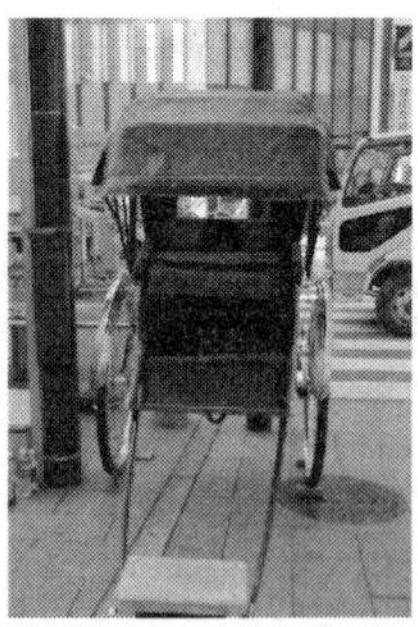

문법과 문형

1. い형용사

이번 과에서는 형용사의 연결형, 부정형, 과거형, 과거부정형을 정리한다.

일본어에서 과거부정은 항상 부정을 먼저 떠올린 후, 부정형을 과거로 만들어 준다고 생각하면 쉽게 이해할 수 있다.

大きい(です) ——부정——→ 大きく ない(です)

=ありません

↓과거　　　　　　　　　　↓과거부정

大きかった(です) ——부정——→ 大きく なかった(です)

=ありませんでした

2. ～くて(～이고)

일본어의 형용사는 거의 어미 い가 く로 많이 바뀌면서 활용한다. 부정형은 물론 연결형 어미도 예외는 아니다. 연결형은 く로 바꾼 후에 て를 연결한다.

어미 い → く+て

春は 暖かくて、 冬は 寒いです。

(봄은 따뜻하고 겨울은 춥습니다)

구분	기본	공손	연결	부정
예	大きい	大きいです	大きくて	大きくない(です) 大きくありません

과거	과거부정
大きかった(です)	大きくなかった(です) 大きくありませんでした

6. 広く ありません。(안 넓습니다)

3. い형용사 어간 + く なる : (~아/어 지다)

寒(さむ)い → 寒(さむ)く なる(추워지다)

暑(あつ)い → 暑(あつ)く なる(더워지다)

4. 비교표현 : ~と ~と どちらが ~ですか

(~과 ~과 어느 쪽이 ~입니까?)

あなたと 弟(おとうと)**と** **どちらが** 背(せ)が 高(たか)い**ですか**。

(당신과 남동생하고 어느 쪽이 키가 큽니까?)

5. ~から ~まで : ~에서 ~부터, ~까지

(시간, 장소의 기점이나 출발점과 도착점)

① 朝(あさ)から 夜(よる)まで ② 家(いえ)から 学校(がっこう)まで

(아침부터 밤까지) (집에서 학교까지)

■ **한일 해저터널**

일본 후쿠오카(福岡)의 어느 서점에서 한일해저터널 굴착에 관한 책을 보고 당혹한 적이 있다. 약 10년 전부터 홋카이도대학 명예교수인 사사 야스오(佐佐保雄 · 한일터널연구회 회장)씨 주도하에 기타큐슈(北九州)에서 부산까지 터널을 뚫는 일이 추진되고 있다는 것이다. 양국 지질학 교수가 협력하고, 한국의 모 종교단체가 협조하여 대마도 지질조사 거제도 보링(여섯 곳) 등의 작업이 진행 중이며, 앞으로 양국 정부 차원의 도움을 기대한다는 상당히 구체적인 내용까지 있었다.

한일해저터널은 두 나라의 국토를 연결하는 일이다. 사람과 물자를 배나 비행기로 수송하던 것을 기차로 더 빨리, 더 많이 수송할 수 있는 등 큰 이점이 있다. 해저터널 건설에는 엄청난 비용이 들 것이므로 실현성 여부는 속단할 수 없지만, 만약 실현된다면 EU, NAFTA 등 지역블록화 시대에 양국관계는 더욱 긴밀해질 것이다. 그러나 우리는 냉정하게 생각해야 한다. 과거사를 고려할 때 우리와 일본은 어느 정도 거리를 유지하는 것이 바람직하다. 그들은 우리와의 관계를 흔히 一衣帶水라는 말로 표현한다. 한국과 일본은 원래 한 둥지인데 띠처럼 좁은 한 줄기 江(대한해협)이 흐르고 있다는 것이다. 이는 일제 때의 內鮮一體, 즉 내지(일본)와 조선(한국)이 하나라는 것을 간접적으로 표현하는 것이다. 아직도 일본에는 한반도 남쪽에 그들의 식민지인 任那가 있었다고 생각하는 이가 많다.

중국이 중원을 넘어 고구려 강역까지 통합할 수 있었던 것은 두 지역이 連陸해 있었기 때문이다. 같은 맥락에서 보면 압록강과 두만강은 漢族의 세력을 막는 방파제가 되었음을 알 수 있다. 나라를 지키기 위해서는 국력을 키우는 것이 최우선이나, 지형과 지세도 잘 활용해야 한다. 따라서 한일해저터널 문제는 단순한 교통수단을 떠나 민족존립 차원에서 고려되어야 한다.

이병선/부산대 명예교수·국어학　　조선일보 一事一言 날짜 미상

6. 広(ひろ)く ありません。(안 넓습니다)

연습문제 ►►

1 漢字는 ひらがな로, ひらがな는 漢字로 쓰시오.

① 駅　　　　② 雰囲気
③ 人口　　　④ 居間
⑤ 韓国　　　⑥ かんこう
⑦ たべもの　⑧ あそぶ
⑨ とうきょう　⑩ むずかしい

2 (　) 안에 적당한 말을 쓰시오.

① ブサンより ソウルの方が 大き( )て 人口も 多いです

② ソウルと 東京と (　　　)が 大きいですか。

③ あなたの お部屋は 広いですか。

いいえ、広く (　　　　)。 狭いです。

④ 学校から 駅(　)も 遠いですか。

3 다음을 예와 같이 고치시오.

예 : 暑い － 暑くて － 暑かった(です) － 暑く ない(です)

－ 暑く ありませんでした。

① 多い

② 明るい

③ 赤い

④ 青い

⑤ 近い

4 다음 문장을 일본어로 옮기시오.

① 서울과 부산은 어느 쪽이 인구가 많습니까?

→

② 교실은 넓고 분위기도 좋습니다.

→

③ 서울에서 도쿄까지 멉니까?

→

④ 놀 곳도 많고 음식도 맛있었습니다.

→

⑤ 한국어 시험은 별로 어렵지 않았습니다.

→

6. 広(ひろ)く ありません。(안 넓습니다)

07 いつも 賑(にぎ)やかですね。
항상 번화하군요.

ここは いつも 賑(にぎ)やかですね。

そうですね。 ここは 商店街(しょうてんがい)ですから いつも 賑(にぎ)やかですね。

この街(まち)の名前(なまえ)は 何(なん)ですか。

ミョンドンです。

あの奇麗(きれい)な 教会(きょうかい)は 何(なん)ですか。

ミョンドン聖堂(せいどう)です。昔(むかし)から ミョンドン聖堂(せいどう)は 有名(ゆうめい)でした。

デパートの店員(てんいん)は 親切(しんせつ)でしたか。

はい、日本語(にほんご)も うまくて とても 親切(しんせつ)でした。

あそこのレストランは どうでしたか。

レストランの店員(てんいん)は あまり 親切(しんせつ)では ありませんでした。

韓国(かんこく)の女性(じょせい)は どうですか。

そうですね。奇麗(きれい)で 優(やさ)しいですね。

7. 항상 번화하군요.

여기는 항상 번화하군요.

그렇습니다. 여기는 상점가이기 때문에 항상 붐빕니다.

이 거리 이름은 무엇입니까?

명동입니다.

저 아름다운 교회는 무엇입니까?

명동성당입니다. 예로부터 명동성당은 유명했습니다.

백화점 점원은 친절했습니까?

네, 일본어도 잘 하고 상당히 친절했습니다.

저기 레스토랑은 어땠습니까?

레스토랑 점원은 별로 친절하지 않았습니다.

한국 여성은 어떻습니까?

글쎄요. 예쁘고 상냥합니다.

단 어

賑(にぎ)やかだ : 번화하다. 시끌버끌하다
↔ 静(しず)かだ: 조용하다
奇麗(きれい)だ : 예쁘다, 아름답다
有名(ゆうめい)だ : 유명하다
親切(しんせつ)だ : 친절하다 ↔ 不親切(ふしんせつ)だ
そうですね : 그렇습니다, 글쎄요
~から : ~ 때문에
いつも : 항상, 언제나
とても : 상당히, 매우
うまい : 잘하다, 능숙하다, 맛있다
優(やさ)しい : 상냥하다
ミョンドン : 명동
デパート : 백화점
商店街(しょうてんがい) : 상점가, 쇼핑가
名前(なまえ) : 이름
街(まち) : 거리, ~가
教会(きょうかい) : 교회
聖堂(せいどう) : 성당
昔(むかし) : 옛날, 예전
店員(てんいん) : 점원
女性(じょせい) : 여성 ↔ 男性(だんせい) : 남성

자료 : http://imagesearch.naver.com

문법과 문형

1. な형용사 1 (형용동사 1)

사물의 성질이나 상태를 나타내며, 어미가 「だ」이다. 우리나라에는 없는 품사로 형용사, 동사 역할을 한다.

지난 과에서 익힌 형용사와 같이 이번 과에서도 な형용사의 연결형, 과거형, 과거부정형을 정리한다.

일본어에서 과거부정은 항상 부정을 먼저 떠올린 후, 부정형을 과거로 만들어 준다고 생각하면 쉽게 이해할 수 있다.

奇麗(きれい)だ 奇麗(きれい)です	부정 →	奇麗(きれい)では ない(です) =ありません
↓과거		↓과거부정
奇麗(きれい)だった(です) = 奇麗(きれい)でした	부정 →	奇麗(きれい)では なかった(です) =ありませんでした

2. ～な(～한)

な형용사의 수식형으로 수식할 때 어미가 변한다. 우리나라 형용사와 비슷하다.

宮沢(みやざわ)リエは　奇麗(きれい)**な**　女性(じょせい)ですね。

(미야자와 리에는　예쁜　여성이군요.)

ミョンドンは 賑(にぎ)やか**な**　街(まち)ですよ。

(명동은　번화한　거리입니다.)

7. いつも 賑(にぎ)やかですね。(항상 번화하군요)

3. ~で(~이고, ~하고)

な형용사의 연결어미이다. 기본형 「~だ」를 「~で」로 고치면 된다.

中村(なかむら)さんは 奇麗(きれい)で 親切(しんせつ)です。

(나카무라씨는 예쁘고 친절합니다.)

この部屋(へや)は 静(しず)かで 雰囲気(ふんいき)も いいです。

(이 방은 조용하고 분위기도 좋습니다.)

구분	기본	공손	연결	부정
예	静(しず)かだ	静(しず)かです	静(しず)かで	静(しず)かでは ない(です) 静(しず)かでは ありません

과거	과거부정
静(しず)かでした 静(しず)かだった(です)	静(しず)かでは なかった(です) 静(しず)かでは ありませんでした

연·습·문·제 ▶▶

1 漢字(かんじ)는 ひらがな로, ひらがな는 漢字(かんじ)로 쓰시오.

① 賑やかだ　　② 奇麗だ

③ 有名だ　　④ 名前

⑤ 街　　⑥ しょうてんがい

⑦ てんいん　　⑧ じょせい

⑨ むかし　　⑩ きょうかい

2 (　　) 안에 적당한 말을 쓰시오.

① ここは 商店街(しょうてんがい)です(　　) いつも 賑(にぎ)やかですね。

② 韓国(かんこく)の女性(じょせい)は どうですか。そうですね。奇麗(きれい)(　　) 優(やさ)しいですね。

③ レストランの店員(てんいん)は (　　　　) 親切(しんせつ)では ありませんでした。

④ デパートの店員(てんいん)は 親切(しんせつ)(과거형 :　　　　　　)んですか。

3 다음을 예와 같이 고치시오.

예 : 静(しず)かだ － 静(しず)かな － 静(しず)かで － 静(しず)かだった(です)
－ 静(しず)かではない(です) － 静(しず)かではありませんでした

① 賑(にぎ)やかだ

② 奇麗(きれい)だ

③ 有名(ゆうめい)だ

④ 親切(しんせつ)だ

7. いつも 賑(にぎ)やかですね。(항상 번화하군요)

4 다음 문장을 일본어로 옮기시오.

① 예로부터 명동성당은 유명했습니다.

→

② 일본어도 잘 하고 상당히 친절했습니다.

→

③ 레스토랑 점원은 별로 친절하지 않았습니다.

→

④ 다무라씨는 상냥하고 예쁜 사람입니다.

→

⑤ 고이즈미씨는 유명한 사람입니다(小泉[こいずみ]).

→

08 韓国のキムチが 好きです。

한국 김치를 좋아합니다.

韓国への観光は 初めてですか。

はい、初めてです。

韓国に 関する 印象は どうですか。

人々も 親切で、食べ物も とても おいしいと 思います。

何が 一番 おいしいですか。

やはり、韓国のキムチが 一番 おいしいですが、

カルビスープ、ビビンバ、焼肉なども 好きです。

韓国の歌手の中で、誰が 一番 好きですか。

ボアとGODです。

ところで、日本語が お上手ですね。

いいえ、下手です。まだ 勉強中です。

韓国の歌は 好きですか。

はい、大好きです。特に ボアさんの歌が 好きです。

今度の韓国観光は どうでしたか。

とても 楽しかったです。

8. 한국 김치를 좋아합니다.

한국 관광은 처음이십니까?
네, 처음입니다.

한국에 관한 인상은 어떻습니까?
사람들도 친절하고, 음식도 상당히 맛있습니다.

무엇이 가장 맛있습니까?
역시 한국 김치가 가장 맛있습니다만
갈비탕, 비빔밥, 불고기 등도 좋아합니다.

한국 가수 중에서 누구를 가장 좋아합니까?
보아와 GOD입니다.

그런데 일본어를 잘 하시네요.
아니오, 서툽니다. 아직 학습중입니다.

한국 노래는 좋아하십니까?
네, 너무너무 좋아합니다. 특히 보아씨 노래를 좋아합니다.

이번 한국관광은 어땠습니까?
아주 즐거웠습니다.

단 어

観光(かんこう) : 관광

旅行(りょこう)(여행)、トラベル(Travel)、ツアー(Tour) 여행은 모든 이동행위를 가리키고 우리가 흔히 말하는 것은 관광이다.

初(はじ)めて : 처음

印象(いんしょう) : 인상

人々(ひとびと) : 사람들

親切(しんせつ)だ : 친절하다

上手(じょうず)だ : 능숙하다, 잘하다

下手(へた)だ : 서툴다

好(す)きだ : 좋아하다 ↔ 嫌(きら)いだ

大好(だいす)きだ : 너무너무 좋아하다

食(た)べ物(もの) : 음식　飲(の)み物(もの)(음료수)

キムチ : 김치

カルビスープ : 갈비탕

ビビンバ : 비빔밥

焼肉(やきにく) : 불고기

ボア : 보아(가수이름)

GOD : 지오디(가수이름)

歌手(かしゅ) : 가수

~関(かん)する : ~관한

どうですか : 어떻습니까?

~への : ~으로의

~など : ~등

~の中(なか)で : ~중에서

特(とく)に : 특히

ところで : 그런데

まだ : 아직

一番(いちばん) : 가장

やはり : 역시 = やっぱり

勉強中(べんきょうちゅう) : 학습 중, 공부 중

歌(うた) : 노래　歌(うた)を歌(うた)う

今度(こんど) : 이번

おいしい : 맛있다

楽(たの)しい : 즐겁다

자료 : http://image.search.naver.com

문법과 문형

1. な형용사 2(형용동사 2)

이번 과에서는 な형용사 중에서, 항상 주격조사 が가 오지만, 해석은 목적격으로 하는 な형용사를 익혀보자.

즉 好きだ(좋아하다), 嫌いだ(싫어하다), 上手だ(능숙하다), 下手だ(서툴다)

私は 焼肉**が 好きです**。(저는 불고기를 좋아합니다)

田中さんは 英語**が 上手です**。(다나카씨는 영어를 잘 합니다)

일본인들은 일본어 한마디만 해도 **日本語が お上手ですね**라는 말을 예의상 한다. 이 말을 듣고 일본어를 잘 하는 줄 착각하면 안 된다. 이런 말을 듣지 않고 자연스럽게 대화를 할 때, 진정한 일본어 실력이라 할 수 있다.

2. (の中で) ～が 一番 ～ですか。

日本料理<u>の中で</u>　何<u>が</u>　<u>一番</u>　好き<u>ですか</u>。

(일본요리 중에서 무엇을　가장　좋아합니까?)

寿司が 一番 好きです。

(초밥을 가장 좋아합니다)

8. 韓国のキムチが 好きです。(한국 김치를 좋아합니다)

연습문제

1 漢字(かんじ)는 ひらがな로, ひらがな는 漢字(かんじ)로 쓰시오.

① 観光	② 食べ物
③ 歌手	④ 焼肉
⑤ 勉強中	⑥ すきだ
⑦ いちばん	⑧ たのしい
⑨ はじめて	⑩ おじょうずだ

2 (　　) 안에 적당한 말을 쓰시오.

① 韓国(かんこく)(　　)観光(かんこう)は 初(はじ)めてですか

② 韓国(かんこく)の歌手(かしゅ)(　　　)、 誰(だれ)が (　　　) 好(す)きですか。

③ 特(とく)に、チョーヨンピルさんの歌(うた)(　　) 好(す)きです。

④ ボア(　　)GODです。

3 다음 문장을 일본어로 옮기시오.

① 사람들도 친절하고, 음식도 상당히 맛있습니다.
→

② 일본어를 잘 하시네요.
→

③ 한국노래 중에서 보아씨 노래를 너무너무 좋아합니다.
→

④ 갈비탕, 비빔밥, 불고기 등을 좋아합니다.
→

⑤ 한국관광은 아주 즐거웠습니다.
→

09 人(ひと)の体(からだ)

인체

人(ひと)の顔(かお)には 目(め)が あります。

目(め)は いくつですか。

二(ふた)つです。

その他(ほか)に 何(なに)が ありますか。

鼻(はな)と 口(くち)が あります。

それから 耳(みみ)と眉毛(まゆげ)が 二(ふた)つ あります。

人(ひと)の体(からだ)には 手(て)と 足(あし)が あります。

いくつずつ ありますか。

二(ふた)つずつ あります。

動物(どうぶつ)にも 目(め)、鼻(はな)、口(くち)、手(て)、足(あし)などが ありますか。

目(め)、鼻(はな)、口(くち)、足(あし)などは ありますが、手(て)は ありません。

9. 인체

사람 얼굴에는 눈이 있습니다.
눈은 몇 개입니까?
2개입니다.

그밖에 무엇이 있습니까?
코와 입이 있습니다.
그리고 귀와 눈썹이 2개 있습니다.

사람의 몸에는 손과 발이 있습니다.
몇 개씩 있습니까?
2개씩 있습니다.

동물에게도 눈, 코, 입, 손, 발이 있습니까?
눈, 코, 입, 발 등은 있지만, 손은 없습니다.

단 어

顔(かお) : 얼굴, 顔出し(かおだし) : 얼굴 내밀기
目(め) : 눈
鼻(はな) : 코
耳(みみ) : 귀
眉毛(まゆげ) : 눈썹
口(くち) : 입
手(て) : 손
足(あし) : 발
動物(どうぶつ) : 동물 ↔ 植物(しょくぶつ) : 식물
人の体(ひとのからだ) : 인체

~には : ~에는
~にも : ~에도
~と : ~과, ~와
~ずつ : ~씩
~が : ~이지만
その他(ほか) : 그밖에
それから : 그리고(나서)
あります : 있습니다.
ありますか : 있습니까?
ありません : 없습니다.
ある : 있다(사물, 식물)
いくつ : 몇 개
二つ(ふたつ) : 2개

문법과 문형

1. あります : 있습니다

あります는 존재를 나타내는 동사이다. 일본어에서 가장 어려운 부분인 동사부분을 일부 익혀보자. 식물이나 사물과 같은 무생물에 사용한다.

あります	(긍정)	있습니다
ありますか	(의문)	있습니까?
ありません	(부정)	없습니다
ありませんでした	(과거부정)	없었습니다

2. 조사

필수적으로 알아두어야 할 조사이므로 다시 한번 정리해 보자. 이번 과에서는 아래 조사들이 합쳐져 には、にも가 있다.

~は : ~은, ~는
~に : ~에(시간, 장소에 모두 사용)
~で : ~에서(장소), ~로써(수단)
~へ : ~에, ~로　　방향을 나타내는 조사로 발음은 "에"
~か : ~인가, ~인지
~が : ~이, ~가(주격조사)
~も : ~도

朝(あさ) 6時(じ)に 起(お)きます。　(아침 6시**에** 일어납니다.)

机(つくえ)の 上(うえ)に 本(ほん)が あります。(책상 위**에** 책이 있습니다.)

家(いえ)で 休(やす)みます。　(집**에서** 쉽니다.)

地下鉄(ちかてつ)で 学校(がっこう)へ 行(い)きます。(지하철**로** 학교에 갑니다.)

学校へ 行きます。 (학교**에** 갑니다.)

何**か** ありますか。 **무언가** 있습니까?

何**が** ありますか。 **무엇이** 있습니까?

何**も** ありません。 **아무것도** 없습니다.

3. 숫자

일본의 고유숫자는 하나부터 열까지만 있다.(아주 중요)

열 하나부터는 십일(じゅういち), 십이(じゅうに)로 읽는다.

(한국의 숫자는 스물, 서른, 마흔 …… 아흔 등 숫자 어휘 풍부)

뜻	표기	읽기
하나	一つ	ひとつ
둘	二つ	ふたつ
셋	三つ	みっつ
넷	四つ	よっつ
다섯	五つ	いつつ
여섯	六つ	むっつ
일곱	七つ	ななつ
여덟	八つ	やっつ
아홉	九つ	ここのつ
열	十	とお
몇	幾つ	いくつ

연·습·문·제

1 漢字(かんじ)는 ひらがな로, ひらがな는 漢字(かんじ)로 쓰시오.

① 目　② 鼻
③ 手　④ 口
⑤ 足　⑥ かお
⑦ みみ　⑧ どうぶつ
⑨ そのほか　⑩ ふたつ

2 (　　) 안에 적당한 말을 쓰시오.

① 人(ひと)の顔(かお)(　　) 目(め)が あります。

② 二(ふた)つ(　　) あります。

③ 動物(どうぶつ)(　　) 目(め)、鼻(はな)、口(くち)、足(あし)などが あります。

④ 鼻(はな)(　　)口(くち)が あります。

3 다음 문장을 일본어로 옮기시오.

① 그리고 귀와 눈썹이 2개 있습니다.
→

② 눈은 몇 개입니까?
→

③ 사람의 몸에는 손과 발이 2개씩 있습니다.
→

④ 동물에게는 손이 없습니다.
→

⑤ 여기에 접시가 있습니다.
→

10 誰(だれ)が いますか。
누가 있습니까?

ここに 犬(いぬ)が います。

そこに 猫(ねこ)が います。

あそこには 鶏(にわとり)が います。

お庭(にわ)の あちらこちらに 兎(うさぎ)が います。

川(かわ)の 向(む)かいに 牛(うし)が います。

その 側(そば)に 馬(うま)も いますが、豚(ぶた)は いません。

午前(ごぜん)、教室(きょうしつ)の 中(なか)に 誰(だれ)が いましたか。

女子生徒(じょしせいと)が いました。

今(いま)、男子生徒(だんしせいと)は いますか。

いいえ、男子生徒(だんしせいと)は 教室(きょうしつ)には 一人(ひとり)も いません。

運動場(うんどうじょう)に います。

女子生徒(じょしせいと)も 運動場(うんどうじょう)に いますか。

いいえ、運動場(うんどうじょう)には 女子生徒(じょしせいと)は いません。

男子生徒(だんしせいと)ばかりです。

10. 누가 있습니까?

여기에 개가 있습니다.
거기에 고양이가 있습니다.
저기에는 닭이 있습니다.

마당 여기저기에 토끼가 있습니다.
강 건너에 소가 있습니다.
그 옆에 말도 있는데, 돼지는 없습니다.

오전에 강의실(교실)안에 누가 있었습니까?
여학생이 있었습니다.

지금, 남학생은 있습니까?
아니오, 남학생은 교실에는 한사람도 없습니다.
운동장에 있습니다.

여학생도 운동장에 있습니까?
아니오, 운동장에는 여학생은 없습니다.
남학생뿐입니다.

단 어

犬(いぬ) : 개
猫(ねこ) : 고양이
鶏(にわとり) : 닭
兎(うさぎ) : 토끼
牛(うし) : 소
馬(うま) : 말
豚(ぶた) : 돼지
庭(にわ) : 정원
あちらこちら : 여기저기
川(かわ) : 강
向(む)かい : 건너편
側(そば) : 옆
教室(きょうしつ) : 교실, 강의실

います : 있습니다
いません : 없습니다
いました : 있었습니다
いる : 있다(인간, 동물)
中(なか) : 안
誰(だれ) : 누구
午前(ごぜん) : 오전 ↔ 午後(ごご) : 오후
男子(だんし) : 남자
女子(じょし) : 여자
生徒(せいと) : 학생
一人(ひとり) : 한 사람
運動場(うんどうじょう) : 운동장
~しか : ~밖에(ない와 연결)
~ばかり : ~뿐, ~만

문법과 문형

1. います : 있습니다.

います는 존재를 나타내는 동사이다. 사람·동물의 존재를 나타낼 때 사용한다.

います	(긍정)	있습니다
いますか	(의문)	있습니까?
いません	(부정)	없습니다
いませんでした	(과거부정)	없었습니다

田中さんは 部屋に **いません**。 (다나카씨는 방에 없습니다.)

私は 二人の 子供が **います**。 (저는 두 명의 아이가 있습니다.)

2. 男, 女만을 쓸 경우에는 속어의 느낌이 강하다.

男の人、 女の人를 쓰는 편이 좋다.

注意 : 男の子(남자 어린이), 女の子(여자 어린이)

단 친한 사이에서는 남자, 여자 의미로 사용가능

3. ～しか : ～밖에

일반적으로 부정형과 연결된다.

男の学生しか いません。(남학생밖에 없습니다.)

4. ～ばかり : ～ 만, ～뿐, 이제 막 ～한

教室には 学生**ばかり**です。(교실에는 학생뿐입니다.)

10. 誰が いますか。(누가 있습니까?)

5. 사람을 헤아리는 조수사

일상생활에서 아주 많이 사용하는 표현

한명과 두 명만 주의, 또한 일본에서는 ~名(めい)보다는 ~人(じん)이 일반적이며, 단, 레스토랑 손님의 경우는 ~名(めい)를 사용한다.

cf) いらっしゃいませ、何名様(なんめいさま)ですか。

(어서 오세요.　몇 분이십니까?)

뜻	표 기	읽 기	뜻	표 기	읽 기
한 사람	一人	**ひとり**	한 명	一名	いちめい
두 사람	二人	**ふたり**	두 명	二名	にめい
세 사람	三人	さんにん	세 명	三名	さんめい
네 사람	四人	よにん	네 명	四名	よんめい
다섯 사람	五人	ごにん	다섯 명	五名	ごめい
여섯 사람	六人	ろくにん	여섯 명	六名	ろくめい
일곱 사람	七人	しちにん	일곱 명	七名	しちめい
여덟 사람	八人	はちにん	여덟 명	八名	はちめい
아홉 사람	九人	きゅうにん	아홉 명	九名	きゅうめい
열 사람	十人	じゅうにん	열 명	十名	じゅうめい
몇 사람	何人	なんにん	몇 명	何名	なんめい

연·습·문·제 ▶▶

1 漢字(かんじ)는 ひらがな로, ひらがな는 漢字(かんじ)로 쓰시오.

① 庭	② 犬
③ 猫	④ 午前
⑤ 川	⑥ そば
⑦ ぶた	⑧ うま
⑨ おんな	⑩ おとこ

2 (　　) 안에 적당한 말을 쓰시오.

① その 側(そば)に 馬(うま)も いますが、豚(ぶた)は (　　　　)。

② 男(おとこ)の 学生(がくせい)(　　　　)です。(~뿐, ~만)

③ 男(おとこ)の 学生(がくせい)は 教室(きょうしつ)(　) いました。

④ その 側(そば)に 馬(うま)(　) いますし、豚(ぶた)も います。

3 다음 문장을 일본어로 옮기시오.

① 마당 여기저기에 닭이 있습니다.
→

② 돼지 옆에 소가 있습니다.
→

③ 강의실에 여학생만 있습니다.
→

④ 오전에는 강의실에 남학생만 있었습니다.
→

⑤ 운동장에 남학생과 여학생이 있습니다.
→

10. 誰(だれ)が いますか。(누가 있습니까?)

11 いくつに なりますか。

몇 개가 됩니까?

一と 二で いくつに なりますか。

三に なります。

二と 三では いくつに なりますか。

五に なります。

では、一から 十まで 教えて ください。

はい、一、二、三、四(四)、五、六、七(七)、八、九(九)、十。

二の二倍は いくつですか。

四(四) です。

五の三倍は いくつですか。

十五です。

では、九は 三の 何倍ですか。

三倍です。

11. 몇 개가 됩니까?

1과 2로 몇이 됩니까?
3이 됩니다.

2와 3으로는 몇이 됩니까?
5가 됩니다.

그럼, 1부터 10까지 가르쳐 주세요.
네, 1, 2, 3, 4, 5, 6, 7, 8, 9, 10

2의 두 배는 몇입니까?
4입니다.

5의 세배는 몇입니까?
15입니다.

그럼, 9는 3의 몇 배입니까?
3배입니다.

단 어

一(いち) : 1
二(に) : 2
三(さん) : 3
四(よん)(四(し)) : 4
五(ご) : 5
六(ろく) : 6
七(なな)(七(しち)) : 7
八(はち) : 8
九(きゅう)(九(く)) : 9
十(じゅう) : 10

二倍(にばい) : 2배
三倍(さんばい) : 3배
何倍(なんばい) : 몇배
教(おし)えて ください : 가르쳐 주세요
教(おし)える: 가르치다
では : 그럼
~に なります : ~이 됩니다
なる : 되다

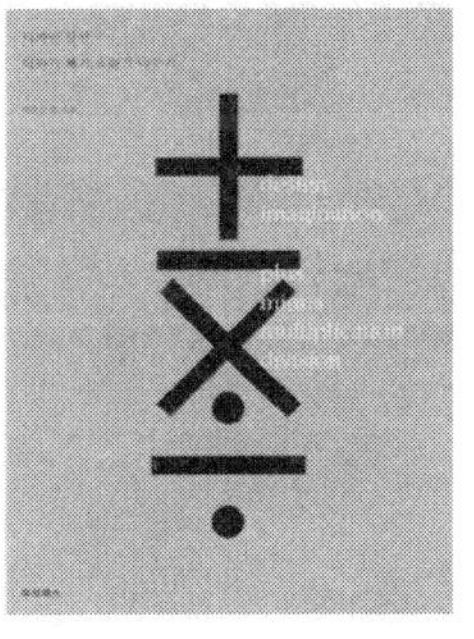

자료 : http://search.daum.net

문법과 문형

1. 제9과에서는 일본 고유숫자를 배웠는데, 이번 과에서는 一, 二, 三, ‥ ‥이나 1, 2, 3 ‥처럼 한자나 아라비아 숫자로 표기하는 수사인 한수사를 익힌다.

숫 자	읽 기	숫 자	읽 기	숫 자	읽 기
1	いち	11	じゅういち	21	にじゅういち
2	に	12	じゅうに	22	にじゅうに
3	さん	13	じゅうさん	30	さんじゅう
4	し, よん	14	じゅうよん	40	よんじゅう
5	ご	15	じゅうご	50	ごじゅう
6	ろく	16	じゅうろく	60	ろくじゅう
7	しち, なな	17	じゅうなな	70	ななじゅう
8	はち	18	じゅうはち	80	はちじゅう
9	きゅう(く)	19	じゅうきゅう	90	きゅうじゅう
10	じゅう	20	にじゅう	100	ひゃく
몇	いくつ	몇 십	なんじゅう	몇 백	なんびゃく

숫 자	읽 기	숫 자	읽 기
100	ひゃく	1000	いっせん
200	にひゃく	2000	にせん
300	さんびゃく	3000	さんぜん
400	よんひゃく	4000	よんせん
500	ごひゃく	5000	ごせん
600	ろっぴゃく	6000	ろくせん
700	ななひゃく	7000	ななせん
800	はっぴゃく	8000	はっせん
900	きゅうひゃく	9000	きゅうせん
1000	せん	10000	いちまん
몇 천	なんぜん	몇 만	なんまん

2. ～に なります(～이 됩니다)

学生(がくせい)が います。(학생이 있습니다)

学生(がくせい)に なります。(학생이 됩니다)

위의 두 예문을 볼 때, 우리말로는 다같이 「학생이」로 해석되지만, 일본어는 다르다. 즉 「명사+に なります」로서 「～이 됩니다」가 된다.

연·습·문·제

1 漢字(かんじ)는 ひらがな로, ひらがな는 漢字(かんじ)로 쓰시오.

① 二倍
② 四(2가지)
③ 七(2가지)
④ 九(2가지)
⑤ 三倍
⑥ ご
⑦ なんばい
⑧ じゅう
⑨ しゅういち
⑩ さん

2 (　　) 안에 적당한 말을 쓰시오.

① 一(いち)と 二(に)で いくつ(　　) なりますか。

② 一(いち)から 十(じゅう)(　　) 教(おし)えて ください。

③ 二(に)の二倍(にばい)(　　) いくつですか。

④ (　　)、九(きゅう)は 三(さん)の 何倍(なんばい)ですか。: 그럼

3 다음 문장을 일본어로 옮기시오.

① 5의 세배는 몇입니까?
→

② 9는 3의 몇 배입니까?
→

③ 1부터 10까지 가르쳐 주세요.
→

④ 1, 2, 3, 4, 5, 6, 7, 8, 9, 10
→

⑤ 5가 됩니다.
→

11. いくつに なりますか。(몇 개가 됩니까?)

12 お誕生日(たんじょうび)は いつですか。

생일은 언제입니까?

今日(きょう)は　五月(ごがつ) 五日(いつか)で、木曜日(もくようび)です。 子供(こども)の日(ひ)です。

明日(あした)は　五月(ごがつ) 六日(むいか)で、 母(はは)の誕生日(たんじょうび)です。

あさっては 五月(ごがつ) 七日(なのか)で、 兄(あに)の結婚式(けっこんしき)です。

失礼(しつれい)ですが、 お兄(にい)さんは おいくつですか。

日本(にほん)の年(とし)で 27才(さい)です。

あなたのお誕生日(たんじょうび)は いつですか。

明日(あした)です。

失礼(しつれい)ですが、おいくつですか。

明日(あした) ちょうど 二十歳(はたち)に なります。

では、あさってからは 大人(おとな)ですね。

はい、そうです。

おめでとう ございます。

どうも ありがとう ございます。

おとといは (何月(なんがつ)) 何日(なんにち)でしたか。

五月(ごがつ) 三日(みっか)で、火曜日(かようび)でした。学校(がっこう)で 運動会(うんどうかい)が ありました。

楽(たの)しかったですか。

はい、すごく 楽(たの)しかったです。

12. 생일은 언제입니까?

오늘은 5월 5일이고 목요일입니다. 어린이 날입니다.
내일은 5월 6일이고, 어머니 생신입니다.
모레는 5월 7일이고, 형 결혼식입니다.

실례지만, 형님은 몇 세입니까?
일본 나이로 27세입니다.

당신 생일은 언제입니까?
내일입니다.
실례지만 몇 살입니까?
내일 꼭 20세가 됩니다.
그럼, 모레부터는 어른이군요.
네, 그렇습니다.
축하합니다.
대단히 감사합니다.

그저께는 (몇 월) 며칠입니까?
5월 3일이고 화요일이었습니다. 학교에서 운동회가 있었습니다.
즐거웠습니까?
네, 상당히 즐거웠습니다.

단 어

おととい : 그저께　　昨日 : 어제

今日 : 오늘

明日 : 내일

あさって : 모레

五月 : 5월

三日 : 3일

五日 : 5일

六日 : 6일

七日 : 7일

火曜日 : 화요일

木曜日 : 목요일

子供の日 : 어린이 날

母 : 엄마(본인의) ↔ 父 : 아빠

誕生日 : 생일, 생신(お~)

兄 : 형, 오빠(본인의) = 兄貴

お兄さん : 형, 오빠(상대방)

結婚式 : 결혼식

大人 : 성인, 어른

学校 : 학교

運動会 : 운동회

年 : 나이

失礼ですが : 실례지만

おいくつですか : 몇 세이십니까?

いつ : 언제

ちょうど : 꼭, 마침

~で : ~이고

~からは : ~부터는

~才 : ~세, ~살

二十歳 : 20살, 20세

おめでとう ございます : 축하합니다
　새해 복 많이 받으세요

何月 何日 : 몇 월 며칠

すごく : 상당히, 꽤, 매우

楽しい : 즐겁다, 즐거운

SUN	MON	TUE	WED	THU	FRI	SAT
	01	02	03	04	05	06
07	08	09	10	11	12	13
14	15	16	17	18	19	20
21	22	23	24	25	26	27
28	29	30	31			

자료 : http://imagesearch.naver.com(달력)

문법과 문형

1. ～で, ～です(～이고 ～입니다)

今日(きょう)は　10月(がつ) 5日(いつか)<u>で</u>、土曜日(どようび)<u>です</u>。(오늘은 5월 5일이고, 토요일**입니다**)

2. ～요일 : 일상적으로 많이 사용하는 말로, 한국어와 발음이 비슷하다.

月曜日	火曜日	水曜日	木曜日
げつようび	かようび	すいようび	もくようび
金曜日	土曜日	日曜日	何曜日
きんようび	どようび	にちようび	なんようび

3. 월과 일 : 역시 일상적으로 많이 사용하는 말

월	일
一月(いちがつ)	一日(ついたち)
二月(にがつ)	二日(ふつか)
三月(さんがつ)	三日(みっか)
四月(しがつ)	四日(よっか)　十四日(じゅうよっか)　二十四日(にじゅうよっか)
五月(ごがつ)	五日(いつか)
六月(ろくがつ)	六日(むいか)
七月(しちがつ)	七日(なのか)
八月(はちがつ)	八日(ようか)
九月(くがつ)	九日(ここのか)
十月(じゅうがつ)	十日(とおか)　二十日(はつか)
十一月(じゅういちがつ)	十一日(じゅういちにち)
十二月(じゅうにがつ)	十二日(じゅうににち)
何月(なんがつ)	何日(なんにち)

4. 때 : 日(ひ)(일), 週(しゅう)(주), 月(げつ)(월), 年(ねん)(년)

단위 / 시제	일	주	월	연
과 거	一昨日(おととい) 그저께	先先週(せんせんしゅう) 지지난주	先先月(せんせんげつ) 지지난달	一昨年(おととし) 재작년
	昨日(きのう) 어제	先週(せんしゅう) 지난주	先月(せんげつ) 지난달	昨年(さくねん)、去年(きょねん) 작년
현 재	今日(きょう) 오늘	今週(こんしゅう) 이번주	今月(こんげつ) 이번달	今年(ことし) 금년
미 래	明日(あした)、明日(あす) 내일	来週(らいしゅう) 다음주	来月(らいげつ) 다음달	来年(らいねん) 내년
	明後日(あさって) 모레	再来週(さらいしゅう) 다다음주	再来月(さらいげつ) 다다음달	再来年(さらいねん) 내후년
	明明後日(しあさって) 글피			
언제나	毎日(まいにち) 매일	毎週(まいしゅう) 매주	毎月(まいげつ)、毎月(まいつき) 매월	毎年(まいねん)、毎年(まいとし) 매년

注意 : 来日(らいにち)은 '일본에 오다'라는 의미로 사용

가족 호칭

우리 가족	상대방 가족	의미
父	お父さん	아버지
母	お母さん	어머니
両親	ご両親	부모, 양친
主人、夫	ご主人、旦那さん	남편
家内、妻	奥さん、奥さま	아내, 사모님
兄	お兄さん	형, 오빠
姉	お姉さん	누나, 언니
弟、妹	弟さん、妹さん	남동생, 여동생
兄弟	ご兄弟	형제
息子	息子さん、(お)坊っちゃん	아들, 도련님
娘	娘さん、お嬢さん	딸, 따님(공주)
子供	お子さん	아이, 어린이
孫	お孫さん	손자, 손녀
祖父	お祖父さん、お爺さん	할아버지
祖母	お祖母さん、お婆さん	할머니

12. お誕生日は いつですか。(생일은 언제입니까?)

연·습·문·제 ►►

1 漢字(かんじ)는 ひらがな로, ひらがな는 漢字(かんじ)로 쓰시오.

① 今日　　② 水曜日

③ 誕生日　　④ 4月

⑤ 大人　　⑥ あした

⑦ とおか　　⑧ うんどうかい

⑨ くがつ　　⑩ ついたち

2 (　　) 안에 적당한 말을 쓰시오.

① 今日(きょう)は 三月(さんがつ) 二日(ふつか)(　　)、土曜日(どようび)です

② (　　　　　　　　)、おいくつですか。

③ 明日(あした)(　　) ちょうど 二十歳(はたち)です。

④ あさって(　　　)は 大人(おとな)ですね。

3 다음 질문에 일본어로 답하시오.

① 今日(きょう)は 何月(なんがつ) 何日(なんにち)で、何曜日(なんようび)ですか。

→

② お母(かあ)さんの お誕生日(たんじょうび)は いつですか。

→

③ あなたは おいくつですか。

→

④ 結婚式(けっこんしき)は いつですか。

4 다음 문장을 일본어로 옮기시오.

① 오늘은 10월 30일이고, 제 생일입니다.

→

② 오늘로 꼭 20세가 됩니다.

→

③ 생일 축하합니다.

→

④ 학교에서 운동회가 있었습니다.

→

⑤ 오늘은 몇 월 며칠입니까?

→

12. お誕生日(たんじょうび)は いつですか。(생일은 언제입니까?)

13 何時(なんじ)に 起(お)きますか。

몇 시에 일어납니까?

あなたは 朝(あさ) 何時(なんじ)に 起(お)きますか。

七時(しちじ)に 起(お)きます。

学校(がっこう)には 何時(なんじ)に 行(い)きますか。

八時(はちじ)に 行(い)きます。

学校(がっこう)は 何時(なんじ)に 始(はじ)まりますか。

九時(くじ)に 始(はじ)まります。

何時(なんじ)に 終(お)わりますか。

四時(よじ)に 終(お)わります。

それから 何(なに)を しますか。

午後(ごご) 九時(くじ)まで アルバイトを します。

何時(なんじ)に 家(うち)へ 帰(かえ)りますか。

九時(くじ) 半(はん)に 帰(かえ)ります。

それから 何時(なんじ)に 寝(ね)ますか。

十一時(じゅういちじ)に 寝(ね)ます。

しかし、土曜日(どようび)の 晩(ばん)は 十一時(じゅういちじ)に 寝(ね)ません。

十二時(じゅうにじ)に 寝(ね)ます。

13. 몇 시에 일어납니까?

당신은 아침 몇 시에 일어납니까?
7시에 일어납니다.

학교에는 몇 시에 갑니까?
8시에 갑니다.

학교는 몇 시에 시작됩니까?
9시에 시작됩니다.

몇 시에 끝납니까?
4시에 끝납니다.

그리고 무엇을 합니까?
오후 9시까지 아르바이트를 합니다.

몇 시에 집에 돌아옵니까?
9시 반에 돌아옵니다.

그리고 몇 시에 잡니까?
11시에 잡니다. 그러나 토요일 저녁은 11시에 안 잡니다.
12시에 잡니다.

단 어

朝(あさ) : 아침

何時(なんじ) : 몇 시

アルバイト : 아르바이트 = バイト

半(はん) : 반

晩(ばん) : 밤, 저녁

それから : 그리고(나서)

~を : ~을, ~를

しかし : 그러나

起(お)きる : 일어나다

行(い)く : 가다

始(はじ)まる : 시작되다

終(お)わる : 끝나다

する : 하다

帰(かえ)る : 돌아가다 *예외 : 5단 동사

寝(ね)る : 자다

자료 : http://www.hyundaihmall.com(시계)

문법과 문형

1. 동사의 종류

1) Ⅰ그룹 동사(5단 동사)

어미가 ウ단 : う、く、ぐ、す、つ、ぬ、ぶ、む、る

예) 연결어미를 붙일 때의 어미활용(ます형)

買う、会う、行く、書く、泳ぐ、話す、待つ、死ぬ、呼ぶ、休む、読む、登る

2) Ⅱ그룹 동사(상하1단 동사) – 어미가 る

사실 일본어는 위에서 아래로, 오른쪽에 왼쪽으로 표기한다. 기본형 ウ(3)단보다 하나 위(上)에 있는 イ(2)단이 오면 상1단, 하나 아래(下)에 있는 エ(4)단이 오면 하1단 동사라고 한다.

상1단 : 어미 る 앞에 イ단(い、き、し、ち、に、ひ、み、り)이 올 때
즉 イ(2)단(い、き、し、ち、に、ひ、み、り) + る

예) **起きる** 2+る　　**見る** 2+る

하1단 : 어미 る 앞에 エ단(え、け、せ、て、ね、へ、め、れ)이 올 때
즉 エ(4)단(え、け、せ、て、ね、へ、めれ) + る

예) **寝る** 4+る　　**食べる** 4+る

注意 : **그 외 ア(1)단 + る、ウ(3)단 + る、オ(5)단 + る는 5단 동사**

3) Ⅲ그룹 동사(변격동사)

일본어 동사 전체에서 する、来る 두개뿐이다. 어미 활용이 불규칙

する　　**来る**

2. 동사의 ます형 1(긍정과 부정)

1) Ⅰ그룹 동사(5단 동사)

기본형 ウ단을 イ단으로 하고, ます, ません을 붙인다.

会(あ)う → 会(あ)います 会(あ)いません　　行(い)く → 行(い)きます 行(い)きません
3　2　2　　3　2　2

登(のぼ)る → 登(のぼ)ります 登(のぼ)りません　　休(やす)む → 休(やす)みます 休(やす)みません
3　2　2　　3　2　2

2) Ⅱ그룹 동사(상하1단 동사)

る를 빼고 동사어간에 ます, ません을 붙인다.

起(お)きる → 起(お)きます 起(お)きません　　見(み)る → 見(み)ます 見(み)ません

3) Ⅲ그룹 동사(변격동사)

규칙이 없거나, 5단 동사 상하1단 활용을 한다.

■ する의 경우

すが し로 바뀐 것은 5단 동사활용

어간에 ます、ません을 붙인 것은 상하1단 활용

する → します しません
3　2　2

■ 来(く)る의 경우

くが き로 바뀐 것은 5단 동사활용

어간에 ます、ません을 붙인 것은 상하1단 활용

来(く)る → 来(き)ます 来(き)ません
3　2　2

cf) ます대신　ましょう(~합시다 : 권유) ましょうか(~할까요 : 의문)표현도 가능, 또한 동시동작으로 ます형 + ながら(~하면서)가 있다.

3. 동사의 연체형 : 동사의 기본형이 명사를 수식하는 형태

話(はな)し合(あ)うのが　　　好(す)きです。

(서로 이야기하는 것을 좋아합니다)

明日(あした)　学校(がっこう)へ　行(い)く　人(ひと)は　誰(だれ)ですか。

(내일　학교에　갈　사람은 누구입니까?)

4. 시간과 분

一時(いちじ)	二時(にじ)	三時(さんじ)	四時(よじ)	五時(ごじ)	六時(ろくじ)
七時(しちじ)	八時(はちじ)	九時(くじ)	十時(じゅうじ)	十一時(じゅういちじ)	十二時(じゅうにじ)
一分(いっぷん)	二分(にふん)	三分(さんぷん)	四分(よんぷん)	五分(ごふん)	六分(ろっぷん)
七分(ななふん)	八分(はっぷん)(八分(はちふん))	九分(きゅうふん)	十分(じゅっぷん)(十分(じっぷん))	二十分(にじゅっぷん)(二十分(にじっぷん))	四十分(よんじゅっぷん)(四十分(よんじっぷん))

13. 何時(なんじ)に 起(お)きますか。(몇 시에 일어납니까?)

■ "표준시 동경 127도 30분으로 바꿔야"

– 표준시 변경 운동 펼치는 정덕화씨 –

"우리나라에서 표준시를 일본 중심의 '동경 135도'에서 실제 한반도를 관통하는 '동경 127도 30분'으로 원상회복시켜야 합니다."

전직 수학교사를 지낸 정덕화(鄭德和·74·서울 송월동)씨는 "현 표준시는 한반도의 태양시보다 30분 빨라 과학적으로 불합리하다"며 "표준시를 변경하면 여름철 굳이 서머 타임제를 운영할 필요도 없어진다"고 말했다.

정씨는 10여 년 전부터 국회, 과학기술부 등에 청원서를 제출하는 등, 표준시 변경운동을 펼치고 있다. 지난 2000년 8월에는 민주당 조순형(趙舜衡) 의원 등 22명이 우리나라 표준시를 127도 30분으로 변경하는 내용의 법률 개정안을 국회에 제출한 상태이다.

우리나라 표준시는 대한제국 시절 동경 127도 30분을 표준자오선으로 정했으나, 일제가 1912년 자신들의 표준시와 동일한 동경 135도로 변경했다. 해방 이후 우리 정부가 동경 127도 30분으로 원상회복했으나. 5·16 이후 다시 동경 135도로 변경됐다. 정씨는 3·1 운동 때 독립선언문을 낭독한 독립운동가 정재용(鄭在鎔)선생의 종손이다.

출처 : 최홍렬 기자, 조선일보 2000년 9월 23일자

연·습·문·제 ▶▶

1 漢字(かんじ)는 ひらがな로, ひらがな는 漢字(かんじ)로 쓰시오.

① 朝　　② 何時
③ 晩　　④ 半
⑤ おきる　　⑥ かえる
⑦ ねる　　⑧ はじまる
⑨ おわる　　⑩ いく

2 다음 동사를 예와 같이 바꾸어 보시오.

예) 行(い)く → 行(い)きます、行(い)きません

① 起(お)きる →　　② 帰(かえ)る →
③ 始(はじ)まる →　　④ 寝(ね)る →
⑤ 終(お)わる →　　⑥ する →

3 다음 문장을 일본어로 옮기시오.

① 저는 아침 7시에 일어납니다.
→
② 당신은 몇 시에 학교에 갑니까?
→
③ 학교는 몇 시에 시작됩니까?
→
④ 네시 반에 끝나지 않습니다.
→

13. 何時(なんじ)に 起(お)きますか。(몇 시에 일어납니까?)

14 何時(なんじ)に 起(お)きましたか。

몇 시에 일어났습니까?

あなたは 今朝(けさ) 何時(なんじ)に 起(お)きましたか。

七時(しちじ)に 起(お)きました。

会社(かいしゃ)には 何時(なんじ)に 行(い)きましたか。

八時(はちじ)に 行(い)きました。

大学時代(だいがくじだい)、何(なに)を 習(なら)いましたか。

専門(せんもん)と教養(きょうよう)、そして 外国語(がいこくご)などを 習(なら)いました。

何(なん)の外国語(がいこくご)を 習(なら)いましたか。

英語(えいご)と日本語(にほんご)、そして 中国語(ちゅうごくご)を 習(なら)いました。

フランス語(ご)も 習(なら)いましたか。

いいえ、フランス語(ご)は 習(なら)いませんでした。

昨日(きのう)は 何(なに)を しましたか。

昨日(きのう)は 日曜日(にちようび)でしたので、家(うち)で ゆっくり 休(やす)みました。

14. 몇 시에 일어났습니까?

당신은 오늘아침 몇 시에 일어났습니까?
7시에 일어났습니다.

회사에는 몇 시에 갔습니까?
8시에 갔습니다.

대학시절 무엇을 배웠습니까?
전공과 교양, 그리고 외국어 등을 배웠습니다.

무슨 외국어를 배웠습니까?
영어와 일본어, 그리고 중국어를 배웠습니다.

불어도 배웠습니까?
아니오, 불어는 배우지 않았습니다.

어제는 무엇을 했습니까?
어제는 일요일이어서, 집에서 푹 쉬었습니다.

14. 何時(なんじ)に 起(お)きましたか。(몇 시에 일어났습니까?)

단 어

今朝(けさ) : 오늘 아침
大学時代(だいがくじだい) : 대학시절
専門(せんもん) : 전공 = 専攻(せんこう)
教養(きょうよう) : 교양
昨日(きのう) : 어제
外国語(がいこくご) : 외국어
英語(えいご) : 영어
日本語(にほんご) : 일본어

中国語(ちゅうごくご) : 중국어
フランス語(ご) : 불어
何(なん)の : 무슨
習(なら)う : 배우다
休(やす)む : 쉬다
~ました : ~ます의 과거
~ませんでした : ~ます의 과거부정
そして : 그리고
~ので : ~때문에(이유, 원인)
ゆっくり : 푹, 천천히

문법과 문형

1. 동사의 ます형 2(과거와 과거부정)

1) Ⅰ그룹 동사(5단 동사)

기본형 ウ단을 イ단으로 하고, ました, ませんでした를 붙인다.

会(あ)う → 会(あ)いました 会(あ)いませんでした　行(い)く → 行(い)きました 行(い)きませんでした
3 2 2　3 2 2

登(のぼ)る → 登(のぼ)りました 登(のぼ)りませんでした　休(やす)む → 休(やす)みました 休(やす)みませんでした
3 2 2　3 2 2

2) Ⅱ그룹 동사(상하1단 동사)

る를 빼고 동사어간에 ました, ませんでした를 붙인다.

起(お)きる → 起(お)きました 起(お)きませんでした　見(み)る → 見(み)ました 見(み)ませんでした

3) Ⅲ그룹 동사(변격동사)

규칙이 없거나, 5단 동사 상하1단 활용을 한다.

■ **する**의 경우

すが し로 바뀐 것은 5단 동사활용

어간에 ました、ませんでした를 붙인 것은 상하1단 활용

する → しました しませんでした
3 2 2

■ **来(く)る**의 경우

く가 き로 바뀐 것은 5단 동사활용

어간에 ました、ませんでした를 붙인 것은 상하1단 활용

14. 何時(なんじ)に 起(お)きましたか。(몇 시에 일어났습니까?)

来(く)る → 来(き)ました　来(き)ませんでした
3　　　　　2　　　　　2

지난 과와 이번 과에서 배운 내용을 정리해 보면 다음과 같다.

■ Ⅰ그룹 동사(5단 동사)

行(い)きます —부정→ 行(い)きません
↓과거　　　　　　　↓과거
行(い)きました —부정→ 行(い)きませんでした

■ Ⅱ그룹 동사(상하1단 동사)

見(み)ます —부정→ 見(み)ません
↓과거　　　　　　　↓과거
見(み)ました —부정→ 見(み)ませんでした

食(た)べます —부정→ 食(た)べません
↓과거　　　　　　　↓과거
食(た)べました —부정→ 食(た)べませんでした

■ Ⅲ그룹 동사(변격동사)

します —부정→ しません
↓과거　　　　　　　↓과거
しました —부정→ しませんでした

来(き)ます —부정→ 来(き)ません
↓과거　　　　　　　↓과거
来(き)ました —부정→ 来(き)ませんでした

연·습·문·제 ▶▶

1 漢字(かんじ)는 ひらがな로, ひらがなは 漢字(かんじ)로 쓰시오.

① 今朝 ② 大学時代
③ 専門 ④ 教養
⑤ 外国語 ⑥ えいご
⑦ ちゅうごくご ⑧ にほんご
⑨ なんの ⑩ ならう

2 「~ます」、「~ません」、「~ました」、「~ませんでした」 형태로 다음 단어를 옮기시오.

① 起(お)きる →

② 休(やす)む →

③ 始(はじ)まる →

④ 行(い)く →

3 다음 문장을 일본어로 옮기시오.

① 어제는 무엇을 했습니까?
→
② 학교에는 가지 않았습니까?
→
③ 어제 푹 쉬셨습니까?
→
④ 전공과 교양을 배웠습니다.
→
⑤ 대학시절, 불어는 배우지 않았습니다.
→

14. 何時(なんじ)に 起(お)きましたか。(몇 시에 일어났습니까?)

15 ソウルに 住(す)んで います。
서울에 살고 있습니다.

私(わたし)は 韓国(かんこく)の ソウルに 住(す)んで います。

ソウルは 韓国(かんこく)で 一番(いちばん) 大(おお)きい 都市(とし)です。

韓国(かんこく)の政治(せいじ)、経済(けいざい)、社会(しゃかい)、文化(ぶんか)の中心地(ちゅうしんち)です。

伝統(でんとう)と現代(げんだい)が 混(ま)ざりあって います。

ソウルには 観光地(かんこうち)が たくさん あります。

ロッテワールド、東大門(ドンデムン)、新村(シンチョン)、鍾路(チョンノ)、大学路(デハンノ)などです。

久(ひさ)しぶりに 大学路(デハンノ)に 遊(あそ)びに 来(き)ました。

大学路(テハンノ)には マロニエ公園(こうえん)が あります。

公園(こうえん)には 若者(わかもの)たちが 集(あつ)まって います。

バンドの公演(こうえん)を 見(み)るためです。

ベンチには カップルが 座(すわ)って、 お菓子(かし)を 食(た)べて います。

女(おんな)の人(ひと)は 帽子(ぼうし)を 被(かぶ)って います。

二人(ふたり)は ラブラブです。

本当(ほんとう)に 羨(うらや)ましい 光景(こうけい)です。

15. 서울에 살고 있습니다.

저는 한국 서울에 살고 있습니다.
서울은 한국에서 가장 큰 도시입니다.
한국의 정치, 경제, 사회, 문화의 중심지입니다.
전통과 현대가 공존하고 있습니다.

서울에는 관광지가 많이 있습니다.
롯데월드, 동대문, 신촌, 종로, 대학로 등입니다.

오랜만에 대학로에 놀러 왔습니다.

대학로에는 마로니에 공원이 있습니다.
공원에는 젊은이들이 모여 있습니다.
밴드 공연을 보기 위해서입니다.

벤치에는 연인이 앉아서, 과자를 먹고 있습니다.
여자는 모자를 쓰고 있습니다.
두 사람은 사랑이 넘쳐 보입니다.
정말로 부러운 광경입니다.

15. ソウルに住(す)んでいます。(서울에 살고 있습니다)

단 어

ソウル : 서울
都市(とし) : 도시
政治(せいじ) : 정치
経済(けいざい) : 경제
社会(しゃかい) : 사회
文化(ぶんか) : 문화
中心地(ちゅうしんち) : 중심지
伝統(でんとう) : 전통
現代(げんだい) : 현대
観光地(かんこうち) : 관광지
ロッテワールド : 롯데월드
東大門(ドンデムン) : 동대문
新村(シンチョン) : 신촌
鍾路(チョンノ) : 종로
大学路(テハンノ) : 대학로
マロニエ公園(こうえん) : 마로니에 공원
若者(わかもの) : 젊은이
バンド : 밴드
公演(こうえん) : 공연
ベンチ : 벤치
カップル : 커플, 연인
お菓子(かし) : 과자
帽子(ぼうし) : 모자
二人(ふたり) : 두 사람
光景(こうけい) : 광경, 모습
一番(いちばん) : 가장, 최고, 제일
たくさん : 많이
~に : ~하러
久(ひさ)しぶりに : 오랜만에
~たち : ~들(복수형 어미)
~ため : ~위해서
住(す)む : 살다
集(あつ)まる : 모이다
混(ま)ざりあう : 공존하다
= 混合(こんごう)して いる
遊(あそ)ぶ : 놀다
座(すわ)る : 앉다
食(た)べる : 먹다
被(かぶ)る : (모자)쓰다
ラブラブだ : 사랑이 넘치다
本当(ほんとう)に : 정말로
羨(うらや)ましい : 부럽다

문법과 문형

1. 동사의 음편

지금까지 우리는 모두 여러 개의 동사를 배웠다. 그리고 그 동사에 「~ます」、「~ません」、「~ました」、「~ませんでした」 등을 익혀보았다.

흔히 일본어를 배우기 시작한 사람은 많아도, 끝까지 배운 사람은 그다지 많지 않다고 한다. 일본어는 우리말과 단어의 나열순서가 같다는 것만으로 얕보고 덤벼들었다가 바로 이번 과에서 나오는 「동사의 음편」을 이해하지 못해, 중도에서 포기하는 사람들을 많이 보아왔다. 그러나 일본어를 배우려면 꼭 넘어야 할 고개가 바로 이 「동사의 음편」이므로, 차근차근 익혀나가야 하겠다. 음편을 통해, 동사의 진행, 상태, 완료, 습관을 나타낼 수 있는 유용한 활용이기 때문이다.

사실 동사의 음편도 Ⅰ그룹 동사(5단 동사)가 복잡할 뿐, 상하1단 동사는 의외로 단순하므로 잘 익혀두자.

1) Ⅰ그룹 동사(5단 동사 음편형)

Ⅰ그룹 동사(5단 동사)에 연결어미 「**~て형**」(**진행, 완료, 상태, 반복습관 등**)을 **붙일 때, 발음 편의를 위해 활용하는 형태**이다.

(1) イ음편 – 동사어미　　**く + て → いて**
　　　　　　　　　　　　　ぐ + て → いで

예) 名前(なまえ)を 書(か)く → 名前(なまえ)を <u>書(か)いて</u> います。
(이름을 **쓰고** 있습니다)

プールで 泳(およ)ぐ → プールで <u>泳(およ)いで</u> います。
(풀에서 **헤엄치고** 있습니다)

15. ソウルに 住(す)んで います。(서울에 살고 있습니다)

(2) 촉음편 - 동사어미　う + て → って

つ + て → って

る + て → って

예) 友達(ともだち)に 会(あ)う → 友達(ともだち)に 会(あ)って います。

(친구를 **만나고** 있습니다)

学校(がっこう)で 待(ま)つ → 学校(がっこう)で 待(ま)って います。

(학교에서 **기다리고** 있습니다)

先生(せんせい)に なる → 先生(せんせい)に なって います。

(선생님이 **되어** 있습니다)

(3) 발음편 - 동사어미　ぬ + て → んで

む + て → んで

ぶ + て → んで

예) 小説(しょうせつ)を 読(よ)む → 小説(しょうせつ)を 読(よ)んで います。

(소설을 **읽고** 있습니다)

公園(こうえん)で 遊(あそ)ぶ → 公園(こうえん)で 遊(あそ)んで います。

(공원에서 **놀고** 있습니다)

＊예외 : 行(い)く → 行(い)って

동사어미 す는 ます형에 「~て형, ~た형」을 붙인다.

話(はな)す → 話(はな)して います。(이야기하고 있습니다)

2) Ⅱ그룹 동사(상하1단 동사 음편형)

상하1단 동사 어간에 「~て형」을 붙여 활용하는 형태이다. 5단 동사처럼 그렇게 복잡하지 않고, 단순히 어미 る를 빼고, ~て를 붙이면 된다.

映画(えいが)を　見(み)る　→　映画(えいが)を **見(み)て** います。
(영화를 **보고** 있습니다)

ご飯(はん)を　食(た)べる　→　ご飯(はん)を **食(た)べて** います。
(밥을 **먹고** 있습니다)

3) Ⅲ그룹 동사(변격동사)

母(はは)が　掃除(そうじ)する　→　母(はは)が **掃除(そうじ)して** います。
(엄마가 **청소하고** 있습니다)

田中(たなか)さんは　来(く)る　→　田中(たなか)さんは **来(き)て** います。
(다나카씨는 **와** 있습니다)

15. ソウルに 住(す)んで います。(서울에 살고 있습니다)

■5단 동사 음편형 총정리

음 편	기본형	어간	어미	연 용 형			
				ます	음 편 형		
					て	た	たり
い 음편	書(か)く	か	く	書(か)きます	書(か)いて	書(か)いた	書(か)いたり
	쓰다			씁니다	쓰고	썼다	쓰기도 하고
	脱(ぬ)ぐ	ぬ	ぐ	脱(ぬ)ぎます	脱(ぬ)いで	脱(ぬ)いだ	脱(ぬ)いだり
	벗다			벗습니다	벗고	벗었다	벗기도 하고
つまる 음편	習(なら)う	なら	う	習(なら)います	習(なら)って	習(なら)った	習(なら)ったり
	배우다			배웁니다	배우고	배웠다	배우기도 하고
	待(ま)つ	ま	つ	待(ま)ちます	待(ま)って	待(ま)った	待(ま)ったり
	기다리다			기다립니다	기다리고	기다렸다	기다리기도 하고
	降(ふ)る	ふ	る	降(ふ)ります	降(ふ)って	降(ふ)った	降(ふ)ったり
	내리다			내립니다	내리고	내렸다	내리기도 하고
はねる 음편	死(し)ぬ	し	ぬ	死(し)にます	死(し)んで	死(し)んだ	死(し)んだり
	죽다			죽습니다	죽고	죽었다	죽기도 하고
	飲(の)む	の	む	飲(の)みます	飲(の)んで	飲(の)んだ	飲(の)んだり
	마시다			마십니다	마시고	마셨다	마시기도 하고
	飛(と)ぶ	と	ぶ	飛(と)びます	飛(と)んで	飛(と)んだ	飛(と)んだり
	날다			납니다	날고	날았다	날기도 하고

주의 : 「行く」 하나만 예외로 「い음편」이 아니고 つまる음편(行って、行った、行ったり)

연·습·문·제 ►►

1 漢字는 ひらがなで, ひらがなは 漢字로 쓰시오.

① 都市	② 政治
③ 経済	④ 社会
⑤ 文化	⑥ ちゅうしんち
⑦ げんだい	⑧ かんこうち
⑨ でんとう	⑩ ふたり

2 (　　) 안에 적당한 말을 쓰시오.

① 私は アメリカの ニューヨークに (　　　　　) います。

② 伝統と現代が (　　　　　) います。

③ 公園には 若者たちが (　　　　　) います。

④ ベンチには カップルが お菓子を (　　　　　　) います。

3 다음 문장을 예와 같이 옮기시오.

예 : 私は 日本の 東京に 住む。
　→ 私は 日本の 東京に 住んで います。

① 公演で 遊ぶ

→

② 若者たちが 集まる

→

③ お菓子を 食べる

→

④ 日本語を 習う

→

15. ソウルに 住んで います。(서울에 살고 있습니다)

4 다음 질문에 일본어로 답하시오.

① ベンチに 座(すわ)って いる 人(ひと)は 誰(だれ)ですか。

→

② どこに 住(す)んで いますか。

→

③ 彼(かれ)は 帽子(ぼうし)を 被(かぶ)って いますか。

→

5 다음 문장을 일본어로 옮기시오.

① 저는 한국 서울에 살고 있습니다.

→

② 공원에는 젊은이들이 모여 있습니다.

→

③ 벤치에는 연인이 앉아서, 과자를 먹고 있습니다.

→

④ 여자는 모자를 쓰고 있습니다

→

16 資料を 準備して ください。

자료를 준비해 주십시오.

課長 : 山田さん、こんにちは。

山田 : 課長、こんにちは。

課長 : 今、忙しいですか。

山田 : いいえ、大丈夫です。何か する ことが ありますか。

課長 : すみませが、会議に 必要な 資料は
準備して ありますか。

山田 : いいえ、すみません。まだです。
課長、会議は 何時からですか。

課長 : 午後 5時からです。
4時半までに 資料を 10部 準備して ください。

山田 : はい、分かりました。
ところで、どこに 持って 行きましょうか。

課長 : 3階の会議室に お願いします。
暑いですから、窓は 閉めないで ください。

山田 : はい、4時30分までに 会議室に 置いて おきます。

課長 : どうも ありがとう (ございます)。

16. 자료를 준비해 주십시오.

과　장 : 야마다씨, 안녕하세요?

야마다 : 과장님, 안녕하세요?

과　장 : 지금 바쁘십니까?

야마다 : 아니오, 괜찮습니다. 무언가 용무가 있으십니까?

과　장 : 실례지만, 회의에 필요한 자료가
준비되어 있습니까?

야마다 : 아니오, 죄송합니다. 아직입니다.
과장님, 회의는 몇 시부터입니까?

과　장 : 오후 5시부터입니다.
4시 반까지 자료를 10부 준비해 주십시오.

야마다 : 네, 알겠습니다.
그런데, 어디로 가지고 갈까요?

과　장 : 3층 회의실로 부탁드립니다.
(날씨가) 더우니까 창문은 닫지 마십시오.

야마다 : 네, 4시 30분까지 회의실에 비치해 두겠습니다.

과　장 : 대단히 감사합니다.

단 어

課長 : 과장(님)
山田 : 야마다(일본인 성)
今 : 지금
資料 : 자료
窓 : 창
何時 : 몇 시
午後 : 오후 ↔ 午前 : 오전
半 : 반, 절반
会議室 : 회의실
忙しい : 바쁘다
大丈夫だ : 괜찮다
必要だ : 필요하다
何か : 뭔가, 무언가
すみませが : 죄송하지만
~部 : ~부
~て ください : ~해 주십시오
~ないで ください : ~말아 주십시오
準備する : 준비하다
~て ある : ~해 있다
閉める : 닫다
分かる : 알다
まだ : 아직
ところで : 그런데
持つ : 가지다, 들다
お願いします : 부탁합니다
置く : 두다, 놓다
~て おく : ~해 두다

■ 필수 자동사와 타동사

자동사	타동사
終わる : 끝내다	終える : 끝내다
入る : 들어가다	入れる : 넣다
開く : 열리다	開ける : 열다
決まる : 정해지다	決める : 정하다
並ぶ : 늘어서다	並べる : 나란히 하다
止まる : 멈추다, 서다	止める : 멈추다, 세우다
始まる : 시작되다	始める : 시작하다
落ちる : 떨어지다	落とす : 떨어뜨리다
出る : 나오다	出す : 내다
起きる : 일어나다	起す : 일으키다

문법과 문형

1. ~て ください(~해 주세요)

「ください」는 본래 「주십시오」의 뜻이기 때문에, 「~て ください」를 「~해 주십시오」라고만 해석하기 쉬우나, 「~하시오」로 해석하는 것이 자연스러울 때가 있다.

来(く)る(오다) – 来(き)て **ください**(와 주시오, 오시오)

開(あ)ける(열다) – 開(あ)けて **ください**(열어 주시오, 여시오)

読(よ)む(읽다) – 読(よ)んで **ください**(읽어 주시오, 읽으시오)

2. ない형(부정형)

1) Ⅰ그룹 동사(5단 동사) : 기본형 ウ단을 ア단으로 고친 후 ない**를 붙인다.**

行(い)く	→	行(い)かない	飲(の)む	→	飲(の)まない
3		1	3		1

*** 어미가 う → わ**

会(あ)う	→	会(あ)わない	買(か)う	→	買(か)わない
3		1	3		1

2) Ⅱ그룹 동사(상하1단 동사) : 어미 る**를 빼고** ない**를 붙인다.**

起(お)きる → 起(お)きない　　寝(ね)る → 寝(ね)ない

3) Ⅲ그룹 동사(변격동사)

する → しない　　くる → 来(こ)ない

16. 資料(しりょう)を 準備(じゅんび)して ください。(자료를 준비해 주십시오)

3. ～ないで ください(～말아 주십시오)

暑(あつ)いですから、窓(まど)を 閉(し)め**ないで ください**。

(더우니까　　창을　닫지말아　주세요)

危(あぶ)ないですから、来(こ)**ないで ください**。(危(あぶ)ない : 위험하다)

(위험하니까　　오지　　마세요)

4. 상태의 여러 표현

그동안은 ~て いる형태를 통해 진행, 상태, 완료, 습관을 표현하는 것을 익혔는데, 이번 과에서는 ~て ある의 상태 표현까지 익혀보자.

1) ～が＋**자동사**＋て　いる <**상태**>

電気(でんき)**が**　ついて　**います**。(전기가 켜져 있습니다.)

星(ほし)**が**　　光(ひか)って　**います**。(별이 빛나고 있습니다.)

2) ～が＋**타동사**＋て　ある <**상태**> : **제3자에 의해 이루어진 상태**

ドア**が**　しめて　**あります**。(문이 닫혀 있습니다.)

絵(え)**が**　かいて　**あります**。(그림이 그려져 있습니다.)

5. ～て おく(～해 두다)

テーブルの上(うえ)に <u>並(なら)べて</u> 置(お)きます。

(테이블　위에 진열해　둡니다.)

ビールを 買(か)って 置(お)きました。

(맥주를　　사　두었습니다.)

연·습·문·제

1 漢字(かんじ)는 ひらがな로, ひらがな는 漢字(かんじ)로 쓰시오.

① 大丈夫だ　　② 課長
③ 資料　　④ 会議
⑤ 必要だ　　⑥ はちじ
⑦ よじ　　⑧ かいぎしつ
⑨ おく　　⑩ やまだ

2 (　　) 안에 적당한 말을 쓰시오.

① 会議(かいぎ)に 必要(ひつよう)(　　) 資料(しりょう)は 何(なん)ですか。

② 資料(しりょう)を 10部(ぶ) 準備(じゅんび)して (　　　　　)。　: ~주십시오

③ 5時(じ)まで 会議室(かいぎしつ)に 置(お)いて (　　　　　)。: ~해 두다

④ 何(なに)(　　) ありますか。　: ~인가, ~가

3 다음 문장을 일본어로 옮기시오.

① 괜찮습니다. 뭔가 용무가 있으십니까?
→

② 회의 자료는 준비되어 있습니까?
→

③ 그런데, 어디로 가지고 갈까요?
→

④ 회의실에 비치해 두겠습니다.
→

⑤ 3층 회의실로 부탁드리겠습니다.
→

16. 資料(しりょう)を 準備(じゅんび)して ください。(자료를 준비해 주십시오)

17 万年筆で 書いても いいですか。

만년필로 적어도 됩니까?

ガイド：この 書類に お名前と ご住所と 電話番号を 書いて ください。

観光客：万年筆で 書いても いいですか。

ガイド：大丈夫です。

観光客：室内で たばこを 吸っても いいですか。

ガイド：いいえ、ここでは たばこを 吸っては いけません。
外では たばこを 吸っても いいです。

観光客：韓国の場合、土曜日と日曜日には 学校へ 行かなくても いいですか。

ガイド：はい、一般的に 大学生の場合は そうです。
週末には 授業が ありませんから、行かなくても いいです。
でも、月曜日から 金曜日までは 行かなければ なりません。

観光客：今日、何時まで ホテルへ 帰らなければ なりませんか。

ガイド：今日は 少し 遅く 帰っても かまいません。

観光客：今日は 最後の日ですから 徹夜しても いいでしょう。
後で 電話しても いいですか。

ガイド：はい、大丈夫ですよ。
家へ 9時頃 着くと思いますから、9時 以後に お願いします。

17. 만년필로 적어도 됩니까?

가이드 : 이 서류에 성함과 주소와 전화번호를 적어 주십시오.
관광객 : 만년필로 적어도 됩니까?
가이드 : 괜찮습니다.

관광객 : 실내에서 담배를 펴도 됩니까?
가이드 : 아니오, 여기에서는 담배를 펴서는 안 됩니다.
밖에서는 담배를 펴도 됩니다.

관광객 : 한국의 경우, 토요일과 일요일에는
학교에 안 가도 됩니까?
가이드 : 네, 일반적으로 대학생의 경우는 그렇습니다.
주말에는 수업이 없기 때문에, 안 가도 됩니다.
하지만, 월요일부터 금요일까지는 가야만 합니다.

관광객 : 오늘은 몇 시까지 호텔에 돌아가면 됩니까?
가이드 : 오늘은 조금 늦게 돌아가도 상관없습니다.
관광객 : 오늘은 마지막 날이니까, 밤샘을 해도 되겠습니까?
나중에 전화해도 되겠습니까?
가이드 : 네, 괜찮습니다.
집에 9시 즈음 도착하니까,
9시 이후에 부탁드립니다.

17. 万年筆(まんねんひつ)で 書(か)いても いいですか。(만년필로 적어도 됩니까?)

단 어

ガイド : 가이드, 안내자

書類(しょるい) : 서류

お名前(なまえ) : 성함

ご住所(じゅうしょ) : 주소

電話番号(でんわばんごう) : 전화번호

観光客(かんこうきゃく) : 관광객

万年筆(まんねんひつ) : 만년필

~で : ~로, ~로써

室内(しつない) : 실내

たばこ : 담배

外(そと) : 밖

場合(ばあい) : 경우

大学生(だいがくせい) : 대학생

週末(しゅうまつ) : 주말

授業(じゅぎょう) : 수업

予定(よてい) : 예정

以後(いご) : 이후 ↔ 以前(いぜん)

最後(さいご)の日(ひ) : 마지막 날

徹夜(てつや) : 밤샘

= 夜通(よどお)し~する

= 一晩中(ひとばんじゅう)

~ても いいですか : ~해도 됩니까?

~ても いいです : ~해도 됩니다

~ても かまいません : ~해도 상관없습니다

~ては いけません : ~해서는 안 된다

~なくても いいですか : ~안 해도 됩니까?

~なくても いいです : ~안 해도 됩니다

~なければ なりません : ~해야만 합니다

一般的(いっぱんてき)に : 일반적으로

~から : ~때문에

でも : 하지만, 그러나

少(すこ)し : 약간, 조금 = ちょっと

遅(おそ)く : 늦게

いいでしょう : 좋겠죠

後(あと)で : 나중에

~へ : ~에

頃(ころ) : 즈음, 경

帰(かえ)る : 돌아가다

書(か)く : 쓰다

着(つ)く : 도착하다, 다다르다

吸(す)う : (담배를) 피우다

문법과 문형

1. 허가와 금지에 관한 표현 1

의문 : ~ても いいですか(~해도 됩니까?)

긍정 : ~ても いいです・~ても かまいません(~해도 됩니다)

부정 : ~ては いけません・~ては 駄目(だめ)です(~해서는 안 됩니다)

室内(しつない)で たばこを 吸(す)っても いいですか。

(실내에서 담배를 펴도 됩니까?)

はい、(吸(す)っても) いいです。

(네, (펴도) 됩니다.)

一緒(いっしょ)に 飲(の)んでも いいですか。

(함께 마셔도 됩니까?)

いいえ、飲(の)んでは いけません。

(아니오, 마셔서는 안 됩니다.)

2. 허가와 금지에 관한 표현 2

1) ない**의 조건형이** なければ

2) なくても**는** ない**(형용사 활용)의 연결형인** なく+ても **형태**

3) なりません**(되지 않습니다)** : なる**(되다)의** ます**형** なります**의 부정형**

　ならない(되지 않다)　　: なる(되다)의 기본형의 부정형

　1　　　　　　　　3

17. 万年筆(まんねんひつ)で 書(か)いても いいですか。(만년필로 적어도 됩니까?)

의문 : ~なくても いいですか : ~안 해도 됩니까?

긍정 : ~なくても いいです·なくても かまいません : ~안 해도 됩니다.

부정 : ~なくては いけません·~なければ なりません

~なければ いけません·~なければ いけない

~なきゃ ならない ·~なくちゃ いけない : ~해야만 합니다

예) 行(い)く → 行(い)か**なくても いいです**。(가지 않아도 됩니다.)

3 1

行(い)か**なければ なりません**。(가야 됩니다.)

1

연·습·문·제 ►►

1 漢字(かんじ)는 ひらがな로, ひらがな는 漢字(かんじ)로 쓰시오.

① 書類　　② 名前

③ 電話番号　　④ 観光客

⑤ 大学生　　⑥ しゅうまつ

⑦ しつない　　⑧ そと

⑨ よてい　　⑩ じゅうしょ

2 (　　) 안에 적당한 말을 쓰시오.

① ボールペンで 書(か)い(　　　) いいですか。

② ここでは たばこを 吸(す)っ(　　　) いけません。

③ 土曜日(どようび)は 授業(じゅぎょう)が ありませんから、行(い)か(　　　　) いいです。

④ 月曜日(げつようび)から 金曜日(きんようび)までは 行(い)か(　　　　　)(　　　　　)。

3 다음 문장을 일본어로 옮기시오.

① 실내에서는 담배를 펴서는 안 됩니다.

→

② 학교에 안 가도 됩니까?

→

③ 수요일에는 학교에 가야만 합니다.

→

④ 호텔에는 몇 시까지 돌아가야만 합니까?

→

⑤ 일요일에는 쉬어야만 합니다.

→

17. 万年筆(まんねんひつ)で 書(か)いても いいですか。(만년필로 적어도 됩니까?)

18 行った ことが ありますか。

간 적이 있습니까?

田中：金さん、あなたは 今まで 日本へ 行った ことが ありますか。

キム：はい、あります。 毎年 休暇のたびに 行きます。

田中：誰と 一緒に 行きますか。

キム：一人で 行く ことも ありますが、たいてい 友達と 一緒に 行きます。

田中：金さんは 今まで 日本の 映画を 見た ことが ありますか。

キム：はい、たくさん あります。面白かったです。

田中：では、日本の 音楽を 聞いた ことが ありますか。

キム：はい、カセットテープやCDで 聞いた ことが あります。

田中：日本の人と 日本語で 話した ことが ありますか。

キム：はい、あります。

田中：ああ、そうですか。 どんな 話を しましたか。

キム：日本語の勉強に ついて 話した ことが あります。

田中：日本の新聞を 読んだ ことが ありますか。

キム：いいえ、ありません。日本の新聞は まだ 読めません。

田中：日本語で 手紙を 書いた ことが ありますか。

キム：いいえ、ありません。日本語では まだ 書けません。
英語では 書いた ことが あります。

田中：一人で 山登りを した ことが ありますか。

キム：はい、あります。わたしは 一人で 山登りを するのが 好きです。

18. 간 적이 있습니까?

다나카 : 김은영씨, 당신은 지금까지 일본에 간 적이 있습니까?
김은영 : 네, 있습니다. 매년 휴가 때마다 갑니다.
다나카 : 누구와 함께 갑니까?
김은영 : 혼자서 갈 때도 있지만, 대체로 친구와 함께 갑니다.

다나카 : 김은영씨는 지금까지 일본영화를 본 적이 있습니까?
김은영 : 네, 많이 있습니다. 재미있었습니다.
다나카 : 그럼, 일본 음악을 들은 적이 있습니까?
김은영 : 네, 카세트 테이프나 CD로 들은 적이 있습니다.

다나카 : 일본인과 일본어로 이야기한 적이 있습니까?
김은영 : 네, 있습니다.
다나카 : 아, 그렇습니까? 어떤 이야기를 했습니까?
김은영 : 일본어 공부에 관해 이야기한 적이 있습니다.

다나카 : 일본 신문을 읽은 적이 있습니까?
김은영 : 아니오, 없습니다. 일본 신문은 아직 못 읽습니다.
다나카 : 일본어로 편지를 쓴 적이 있습니까?
김은영 : 아니오, 없습니다. 일본어로는 아직 못 씁니다.
영어로는 쓴 적이 있습니다.
다나카 : 혼자서 등산을 한 적이 있습니까?
김은영 : 네, 있습니다. 저는 혼자서 등산을 하는 것을 좋아합니다.

단 어

今(いま)まで : 지금까지
~た ことが ありますか : (과거경험) ~한 적이 있습니까?
休暇(きゅうか)の時(とき) : 휴가 때
毎年(まいねん) : 매년
映画(えいが) : 영화
音楽(おんがく) : 음악
カセットテープ : 카세트 테이프
CD : 씨디
日本語(にほんご) : 일본어
勉強(べんきょう) : 공부
新聞(しんぶん) : 신문
手紙(てがみ) : 편지
英語(えいご) : 영어
山登(やまのぼ)り: 등산 * 登山(とざん)은 전문등반
一人(ひとり)で : 혼자서
~や : ~이랑, ~하고
~と 一緒(いっしょ)に : ~와 함께
たいてい : 대체로
たくさん : 많이
面白(おもしろ)い : 재미있다, 재미있는
どんな : 어떤
~に ついて : ~에 관해서
まだ : 아직
~では : ~에서는
聞(き)く : 듣다
話(はな)す : 이야기하다
読(よ)む : 읽다
読(よ)める : 읽을 수 있다(가능형)
書(か)く : 쓰다
書(か)ける : 쓸 수 있다(가능형)
する : 하다
~が 好(す)きだ : ~을 좋아하다

五感で愉しむ
韓国美食

자료 : http://image.search.naver.com(한국미식)

문법과 문형

1. 이번 과에서는 과거경험의 표현을 익혀보자. 과거경험을 이해하기 전에 우선 동사의 예삿말 과거인 ~た에 관해 우선 살펴보자.

1) 과거형 어미 た

이미 동사의 음편형에서 동사의 복잡한 활용을 살펴보았다. 그 동사변화를 염두에 두면 이해하기 쉽다. 즉 지난 번 5단동사 활용에서 て대신 て가 속한 첫 번째 단인 た를 넣으면 예삿말 과거가 된다. 지난 번 학습한 것에 덧붙여보면 다음과 같다. 그동안 배운 ます의 과거인 ました는 정중어 과거라고 보면 된다.

(1) Ⅰ그룹 동사(5단동사) 음편형

5단 동사에 연결어미 「~て형」(진행, 완료, 상태, 반복습관 등)을 붙일 때, 발음 편의를 위해 활용하는 형태이다.

① イ음편 – 동사어미 く + て → いて, いた
ぐ + て → いで、いだ

예) 名前を 書く → 名前を **書いて** います。
名前を **書いた**。
(이름을 썼다)

プールで 泳ぐ → プールで **泳いで** います。
プールで **泳いだ**。
(풀에서 헤엄쳤다)

② **촉음편 – 동사어미**　う ＋ て → って、った
つ ＋ て → って、った
る ＋ て → って、った

예) 友達(ともだち)に　会(あ)う　→　友達(ともだち)に　**会って** います。
友達(ともだち)に　**会った**。
(친구를　만났다)

学校(がっこう)で　待(ま)つ　→　学校(がっこう)で　**待って** います。
学校(がっこう)で　**待った**。
(학교에서 기다렸다)

先生(せんせい)に なる　→　先生(せんせい)に **なって** います。
先生(せんせい)に **なった**。
(선생님이 되었다)

③ **발음편 – 동사어미**　ぬ ＋ て → んで、んだ
む ＋ て → んで、んだ
ぶ ＋ て → んで、んだ

예) 小説(しょうせつ)を　読(よ)む　→　小説(しょうせつ)を　**読んで** います。
小説(しょうせつ)を　**読んだ**。
(소설을　읽었다)

公園(こうえん)で　遊(あそ)ぶ　→　公園(こうえん)で　**遊んで** います。
公園(こうえん)で　**遊んだ**。
(공원에서 놀았다)

＊예외 : 行(い)く → 行(い)って, 行(い)った

동사어미 す는 ます형에 「~て형, ~た형」을 붙인다.

話(はな)す → 話(はな)して います。(말하고 있습니다), 話(はな)した(말했다)

(2) Ⅱ그룹 동사(상하1단 동사) 음편형

상하1단 동사 어간에 「~て형」을 붙여 활용하는 형태이다. 5단 동사처럼 그렇게 복잡하지 않고, 단순히 어미 る를 빼고, ~て를 붙이면 된다.

映画(えいが)を 見(み)る → 映画(えいが)を 見(み)て います。

映画(えいが)を 見(み)た。

(영화를 봤다)

ご飯(はん)を 食(た)べる → ご飯(はん)を 食(た)べて います。

ご飯(はん)を 食(た)べた。

(밥을 먹었다)

(3) Ⅲ그룹 동사(변격동사)

母(はは)が 掃除(そうじ)する → 母(はは)が 掃除(そうじ)して います。

母(はは)が 掃除(そうじ)した。

(엄마가 청소했다)

田中(たなか)さんは 来(く)る → 田中(たなか)さんは 来(き)て います。

田中(たなか)さんは 来(き)た。

(다나카씨는 왔다)

18. 行(い)った ことが ありますか。(간 적이 있습니까?)

2) 과거경험

과거형 어미(~た형) + ことが　ある(~한 적이 있다)

과거형 어미(~た형) + ことが　ない(~한 적이 없다)

예)　あの　病院(びょういん)に　行(い)った　ことが　ありますか。

(저　병원에　간　적이　있습니까?)

何度(なんど)も　食(た)べた　ことが　あります。

(몇 번이나 먹은　적이　있습니다.)

一度(いちど)も　旅行(りょこう)した　ことは　ないです(ありません)。

(한번도　여행한　적은　없습니다.)

3) 가능형

일본어의 가능형은 여러 가지가 있지만, 이번 과에서는 가장 많이 사용하는 것만 익혀보자. 또한 가능동사는 목적격 조사「を」 대신「が」를 사용하는 데에 유의하자.

(1) 동사원형 + ことが できる

行(い)く　ことが　できる。

見(み)る　ことが　できる。

する　ことが　できる。

(2) 동사어미 변화

① Ⅰ그룹 동사(5단동사)

「ウ단(3단) → エ단(4단)+る」

行(い)く　→　行(い)ける

3　　　4

読(よ)む　→　読(よ)める
3　　　　　4

다음과 같은 가능형도 있다.

「ウ단(3단) → ア단(1단)+れる」

行(い)く　→　行(い)かれる
3　　　　　1

読(よ)む　→　読(よ)まれる
3　　　　　1

② Ⅱ그룹 동사(상하1단 동사)

어미 る를 빼고「られる」를 붙인다.

起(お)きる　→　起(お)きられる

食(た)べる　→　食(た)べられる

③ Ⅲ그룹 동사(변격동사)

来(く)る　→　来(こ)られる

する　→　できる

18. 行(い)った ことが ありますか。(간 적이 있습니까?)

연·습·문·제 ►►

1 漢字(かんじ)는 ひらがな로, ひらがな는 漢字(かんじ)로 쓰시오.

① 休暇　　② 映画
③ 手紙　　④ 音楽
⑤ 勉強　　⑥ まいねん
⑦ しんぶん　　⑧ えいご
⑨ ひとり　　⑩ やまのぼり

2 (　)안에 적당한 말을 쓰시오.

① 今(いま)まで アメリカへ 行(い)った (　　　)が ありますか。

② 誰(だれ)(　) 一緒(いっしょ)に 行(い)きますか。

③ どんな 話(はなし)(　) しましたか。

④ わたしは 一人(ひとり)で 山登(やまのぼ)りを するの(　) 好(す)きです。

3 다음 문장을 일본어로 옮기시오.

① 혼자서 갈 때도 있지만, 대체로 친구와 함께 갑니다.
→

② 일본인과 일본어로 이야기한 적이 있습니까?
→

③ 일본 신문은 아직 못 읽습니다.
→

④ 영어로는 쓴 적이 있습니다.
→

⑤ 일본어로는 아직 못 씁니다.
→

19 いつも 込(こ)んで います。

언제나 붐빕니다.

李(り)：ソウルの道(みち)は 車(くるま)やバスで いつも 込(こ)んで います。

この頃(ごろ)は ほとんど 一日中(いちにちじゅう) 車(くるま)で いっぱいです。

中村(なかむら)：李(り)さんは 車(くるま)を 持(も)って いますか。

李(り)：はい、持(も)って います。

中村(なかむら)：では、車(くるま)で 出勤(しゅっきん)して いますか。

李(り)：はい、毎日(まいにち) 車(くるま)で 出勤(しゅっきん)して います。

中村(なかむら)さんは どうですか。

中村(なかむら)：実(じつ)は、日本(にほん)では たいてい、電車(でんしゃ)を 利用(りよう)して いましたが、

韓国(かんこく)に 来(き)てからは 車(くるま)を 利用(りよう)するように なりました。

でも、近(ちか)くの ところへは 歩(ある)いて 行(い)きます。

李(り)：ああ、そうですか。韓国(かんこく)での運転(うんてん)は 慣(な)れましたか。

中村(なかむら)：ええ、もう 慣(な)れましたが、乱暴(らんぼう)な 運転(うんてん)は 慣(な)れませんね。

李(り)：運転(うんてん)が 出来(でき)れば 生活(せいかつ)が 楽(らく)に なります。

中村(なかむら)：でも、経済的(けいざいてき)な 部分(ぶぶん)を 考(かんが)えれば、そうでも ありません。

李(り)：それは そうですね。 一長一短(いっちょういったん)が ありますね。

中村(なかむら)さんは 普通(ふつう) 日曜日(にちようび)に 何(なに)を しますか。

中村(なかむら)：洗濯(せんたく)を したり、 大掃除(おおそうじ)を したり します。

それが 終(おわ)ったら、 テレビを 見(み)たり 子供(こども)と 遊(あそ)んだり します。

19. 언제나 붐빕니다.

이 승 미 : 서울 도로는 자동차와 버스로 항상 붐빕니다.
요즘은 거의 하루종일 자동차로 꽉 찹니다.

나카무라 : 이승미씨는 자동차를 가지고 있습니까?

이 승 미 : 네, 가지고 있습니다.

나카무라 : 그럼 자동차로 출근하고 있습니까?

이 승 미 : 네, 매일 자동차로 출근하고 있습니다.
나카무라씨는 어떻습니까?

나카무라 : 사실은, 일본에서는 대체로 전철을 이용했었는데,
한국에 오고 나서는 자동차를 이용하게 되었습니다.
하지만 가까운 곳은 걸어갑니다.

이 승 미 : 아아, 그렇습니까? 한국에서의 운전은 익숙해졌습니까?

나카무라 : 네, 이제 익숙해졌는데, 난폭한 운전은 익숙하지 않습니다.

이 승 미 : 운전을 할 수 있다면, 생활이 편리해 집니다.

나카무라 : 하지만, 경제적인 부분을 생각하면 그렇지도 않습니다.

이 승 미 : 그건 그렇습니다. 일장일단이 있습니다.
나카무라씨는 보통 일요일에 무엇을 합니까?

나카무라 : 세탁을 하거나 대청소를 하기도 합니다.
그것이 끝나면 텔레비전을 보거나 아이들과 놀기도 합니다.

단 어

道 : 길, 거리
車 : 자동차
バス : 버스
一日中 : 온종일
毎日 : 매일
実は : 사실은
電車 : 전차, 전철
運転 : 운전
生活 : 생활
経済的 : 경제적
部分 : 부분
一長一短 : 일장일단
~で : ~로
~て いる : ~고 있다
(진행, 상태, 완료)
この頃 : 요즘
~では : ~에서는
~どうですか : 어떻습니까?
~ように なる : ~게 되다
~に なる : ~이(가) 되다
~でも ありません : ~도 아닙니다
それは そうです : 그건 그렇습니다

~へは : ~에는
いつも : 항상, 언제나
ほとんど : 거의
いっぱい : 가득한
~てから : ~고 나서 = ~た 後で
↔ 동사의 기본형 + 前に
込む : 붐비다
持つ : 가지다, 들다
出勤する : 출근하다
利用する : 이용하다
歩く : 걷다
慣れる : 익숙하다
~が 出来る : ~을 할 수 있다(18과)
考える : 생각하다
手伝う : (일손) 돕다
乱暴だ : 난폭하다
~たり ~たり する : ~하기도 하고
~하기도 한다
もう : 이제, 벌써
~ば : ~라면(조건형)
楽だ : 편안하다
近い : 가까운, 가깝다

문법과 문형

1. 진행, 상태, 완료, 반복의 표현 ~て いる

앞서 15과에서 익힌 동사의 음편형을 이용한 표현이다. 이미 여러 표현(~てもいいですか、~て ください)을 익혔는데, 이번에는 ~て いる(진행, 상태, 완료, 반복)를 익혀보자.

자동사, 타동사에 다 연결되며, 「~ている」 앞의 동사 성질에 따라 다르다.

1) 동작의 진행

「~て いる」가 동작의 계속을 나타내는 동사 降る、吹く、食べる、書く、読む…에 이어질 경우이며, 우리말 「~고 있다」에 해당

雨が 降って います。(비가 오고 있습니다)

ご飯を 食べて います。(밥을 먹고 있습니다)

2) 동작의 결과로서 생긴 상태

「~て いる」가 동작·작용이 순간에 끝나는 동사 立つ、咲く、死ぬ、来る、落ちる….에 이어질 경우이며, 우리말의 「~어 있다」에 해당

木が 立って います。(나무가 서 있습니다)

お客さんが 来て います。(손님이 와 있습니다)

19. いつも 込んで います。(언제나 붐빕니다)

3) 단순한 상태

「~て いる」가 단순한 상태를 나타내는 동사 似る、優れる、聳える....에 이어질 경우이며, 이런 동사는 「~て いる」 형태로 존재

和子は 父親に 似て います。(가즈코는 아버지를 닮았습니다)

山が 高く 聳えて います。(산이 높이 솟아 있습니다)

4) 완료

「~て いる」가 완료를 나타내는 동사 卒業する、結婚する、行く....에 이어질 경우이며, 이러한 동사는 항상 「~て いる」의 형태로 존재

大学を 卒業して います。(대학을 졸업했습니다)

田中さんは 結婚して います。(다나카씨는 결혼했습니다)

金さんは　　今、日本へ 行って います。

(김동수씨는 지금 일본에　　가 있습니다)

5) 「~て ある」의 用法(16과 122쪽 언급)

주로 타동사에만 연결되며, 동작이 행해진 결과 존속되는 상태를 나타낸다. 이때 상태는 저절로 된 상태가 아니고, 어떤 인위적인 작용에 의해 이루어진 상태를 말한다.

즉, 「창문이 열려 있다」의 경우

(1) 窓が 開いて いる。[자동사+て いる]

(2) 窓が 開けて ある。[타동사+て ある]

(1)과 (2)는 둘 다 상태를 나타내지만, (1)은 누가 열었거나 바람에 의해 열렸던「창문이 열린 상태로 있다」는 의미

(2)는「누가 창문을 열어 놓아 열린 상태로 있다」는 의미

2. 동사원형 + ように　なりました。(~게 되었습니다)

な형용사(~に) + なりました。(~해 졌습니다)

いろいろな　国の　図書館にも　入れるように　なりました。

(여러　나라의　도서관에도　들어갈 수 있게 되었습니다)

日本語が　**話せるように　なりました**。

(일본어를　말할 수 있게　되었습니다)

便利に　なりました。(편리해 졌습니다)

静かに　なりました。(조용해 졌습니다)

奇麗に　なりました。(깨끗해 졌습니다)

3. 동사의 활용형 + てから

어떤 동작이 완료된 다음부터를 말하며「~고 나서」라는 의미이다.

大学を　**卒業してから**　どう　する　つもりですか。

(대학을　**졸업하고 나서**　어떻게　할　생각입니까?)

本を　**読んでから**　よく　しまって　ください。

(책을　**읽고 나서**　잘　치워　주세요.)

19. いつも 込んで います。(언제나 붐빕니다)

4. 가정형(조건형) : ～ば(～라면)

1) 「～ば」

(1) 모든 동사 : 「ウ단(3단) → エ단(4단)」 + ば

会(あ)う 3	–	会(あ)えば 4		見(み)る 3	–	見(み)れば 4
来(く)る 3	–	来(く)れば 4		する 3	–	すれば 4

(2) い형용사 : 어간 + ければ

大(おお)きい – 大(おお)きければ

寒(さむ)い – 寒(さむ)ければ

(3) な형용사 : 어간 + なら(ば)(ば는 생략하는 경우가 많다)

静(しず)かだ – 静(しず)かなら(ば)

上手(じょうず)だ – 上手(じょうず)なら(ば)

(4) 명사 : 명사 + なら

学生(がくせい) なら

休(やす)み なら

2) 기타 조건형 「～たら」

(1) 동사 : 「～た형」 + たら

読(よ)む – 読(よ)んだら

着(き)る – 着(き)たら

来(く)る – 来(き)たら

する – したら

(2) い형용사 : 「어미 い → かっ」 + たら

大(おお)きい　－　大(おお)きかったら

寒(さむ)い　－　寒(さむ)かったら

(3) な형용사 : 「어미 だ → だっ」 + たら

静(しず)かだ　－　静(しず)かだったら

上手(じょうず)だ　－　上手(じょうず)だったら

(4) 명사 : 「だ → だっ」 + たら

休(やす)みだ　－　休(やす)みだったら

これだ　－　これだったら

「たら」는 과거완료를 나타내는 「た」의 가정, 조건형이지만, 과거의 표현에만 쓰는 것은 아니다. 또한 조건을 나타내는 것은 「ば」와 마찬가지이나 쓰이는 경우가 다르다.

「ば」가 일반적인 사실을 나타내는 데에 반해, 「たら」는 개별적인 경우 등에 쓰인다. 즉 「만일 ~한다면」과 같이 화자의 주관적인 가정이 강하다.

그러므로 ① 후문에 권유나 허가, 명령, 의지 등의 화자의 뜻을 나타내는 말이 올 경우는 「ば」보다는 「たら」를 쓴다. 또한, ② 전문에서의 동작의 완료를 조건으로 할 때는 「たら」를 쓴다.

5. ~たり ~たり して(~하기도 하고, ~하기도 해서)

父(ちち)の 仕事(しごと)を 手伝(てつだ)ったり、お使(つか)いに 行(い)ったり します。

(아버지 일을 돕기도 하고, 심부름하러 가기도 합니다.)

19. いつも 込(こ)んで います。(언제나 붐빕니다)

연·습·문·제 ▶▶

1 漢字(かんじ)는 ひらがな로, ひらがな는 漢字(かんじ)로 쓰시오.

① 道　　② 一日中
③ 電車　　④ 経済的
⑤ 一長一短　　⑥ らんぼうだ
⑦ らくだ　　⑧ しゅっきんする
⑨ あるく　　⑩ おもう

2 (　　) 안에 적당한 말을 쓰시오.

① 運転(うんてん)が 出来(でき)れ(　　) 生活(せいかつ)が 楽(らく)に なります。

② 韓国(かんこく)に 来(き)てからは 車(くるま)を 利用(りよう)する(　　　　) なりました。

③ ソウルは 車(くるま)とバスで いつも 込(こ)ん(　　) います。

④ 経済的(けいざいてき)な 部分(ぶぶん)を 考(かんが)え(　　)、そうでも ありません。

3 다음 문장을 일본어로 옮기시오.

① 이기봉씨는 자동차를 가지고 있습니까?
→

② 자동차로 출근합니까?
→

③ 요즘은 거의 온종일 도로에 자동차로 꽉 찹니다.
→

④ 난폭한 운전은 이제 익숙해 졌습니다.
→

⑤ 그건 그렇습니다. 일장일단이 있습니다.
→

20 いい天気(てんき)が続(つづ)くそうです。

좋은 날씨가 계속된다고 합니다.

佐藤(さとう)：　昨日(きのう)は 一日中(いちにちじゅう) 雨(あめ)が 降(ふ)りました。

でも、今日(きょう)は 雲(くも) 一(ひと)つなく 晴(は)れて います。

空(そら)は 高(たか)くて 空気(くうき)も 澄(す)んで います。

韓国(かんこく)の秋空(あきぞら)は とても 奇麗(きれい)ですね。

キム：　天気予報(てんきよほう)に よると、 明日(あした)も いい 天気(てんき)が 続(つづ)く そうです。

ピクニックでも 行(い)きたい 日(ひ)ですね。

佐藤(さとう)：いつまで いい 天気(てんき)が 続(つづ)くでしょうか。

キム：しあさってまでは 続(つづ)くそうです。

金曜日(きんようび)から 連休(れんきゅう)ですから、家族(かぞく)と 一緒(いっしょ)に ピクニックに 行(い)きます。

佐藤(さとう)：ああ、そうですか。羨(うらや)ましいですね。

キム：弟(おとうと)は 連休(れんきゅう)の時(とき)、恋人(こいびと)と 遊(あそ)びに 行(い)くと 言(い)って いましたから、

家族(かぞく)のピクニックには 行(い)かない そうです。

20. 좋은 날씨가 계속된다고 합니다.

사 토 : 어제는 온종일 비가 내렸습니다.
하지만, 오늘은 구름 한 점 없이 맑아 있습니다.
하늘은 높고 공기도 맑습니다.
한국의 가을하늘은 상당히 아름답습니다.

김치선 : 일기예보에 의하면, 내일도 좋은 날씨가 계속된다고 합니다.
소풍이라도 가고 싶은 날입니다.

사 토 : 언제까지 좋은 날씨가 계속될까요?
김치선 : 글피까지는 계속된다고 합니다.
금요일부터 연휴니까, 가족과 함께 소풍 갑니다.
사 토 : 아아, 그렇습니까? 부럽군요.
김치선 : 동생은 연휴 때, 애인과 놀러간다고 했으니까
가족소풍에는 안 간다고 합니다.

단 어

昨日 : 어제
一日中 : 온종일
雨 : 비
雲 : 구름
空 : 하늘
空気 : 공기
秋空 : 가을하늘
天気予報 : 일기예보
天気 : 날씨
ピクニック : 소풍
連休の時 : 연휴 때
恋人 : 애인, 연인
いつ : 언제
しあさって : 글피
連休 : 연휴
家族 : 가족
弟 : 남동생
~たい : ~하고 싶다
一つなく : 하나 없이
降る : (비가) 내리다
晴れる : 맑다
~て いる : ~고 있다
澄む : 투명하다, 끝내다
続く : 계속되다
遊ぶ : 놀다
~そうだ : ~라고 한다, ~일 것이다
羨ましい : 부럽다
高い : 높다, 비싸다, (키가) 크다
~に よると : ~에 의하면
~でしょうか : ~일까요
~から : ~때문에(이유, 원인)
~に : ~하러

자료 : http://sougouannai.net/info/news/z_weather.html

문법과 문형

1. ～そうです의 2가지 용법을 살펴보자.

伝聞(～라고 한다. ～이랍니다)			推測(일 것 같습니다)
기본형 + そうです			～ます형, 형용사의 어간 + そうです
동사	降るそうです。 降らないそうです。	降ったそうです。 降らなかったそうです。	降りそうです。
い 형용사	寒いそうです。 寒くないそうです。	寒かったそうです。 寒くなかったそうです。	寒そうです。
형용사 예 외	いいそうです。 ないそうです。	良かったそうです。 なかったそうです。	*よさそうです。 *なさそうです。
な 형용사	静かだそうです。 静かでないそうです。	静かだったそうです。 静かでなかったそうです。	静かそうです。
명사	休みだそうです。 休みでないそうです。	休みだったそうです。 休みでなかったそうです。	

2. 1인칭의 희망표현 ～たい

동사의 ます형　+　たいです。　　　　(～고 싶습니다.)

+　たく　ないです。　(～고 싶지 않습니다.)

(= たく　ありません)

희망을 나타내는「～たい」앞에서는 조사「～が、を」둘 다 사용가능

コーヒーが　**<u>飲みたいです</u>**。(커피를 마시고 싶습니다.)

富士山に　<u>登って みたかったです</u>。(후지산에 올라가 보고 싶었습니다)

20. いい 天気が 続くそうです。(좋은 날씨가 계속 된다고 합니다)

どこか　**行きたい 所が** ありますか。

(어딘가　가고 싶은 곳이 있습니까?)

참고로 2, 3인칭은 **동사의 ます형 + たがる**

3. 동사의 ます형 + に, 동작성 명사 + に

プレゼントを　**買いに**　行きました。(선물을 사러 갔습니다.)

田中さんは 韓国へ **出張に** 行きました。(다나카씨는 한국에 출장차 갔습니다)

연습문제 ►►

1 漢字는 ひらがな로, ひらがな는 漢字로 쓰시오.

① 昨日　　② 空
③ 秋空　　④ 連休
⑤ 家族　　⑥ てんきよほう
⑦ くうき　　⑧ おとうと
⑨ くも　　⑩ こいびと

2 (　　) 안에 적당한 말을 쓰시오.

① 天気予報に よると、 明日も いい 天気が 続く(　　　　　)。

② ピクニックでも 行き(　　　) 日ですね。 : 1인칭 희망

③ 家族と 一緒に ピクニック(　) 行きます。

④ 空は 高(　　) 空気も 澄んで います。

3 다음 문장을 일본어로 옮기시오.

① 그는 내일 일본에 안 간다고 합니다.
→

② 좋은 날씨가 계속된다고 합니다.
→

③ 한국에 가고 싶습니다.
→

④ 어제는 온종일 비가 내렸습니다.
→

⑤ 신문에 의하면 내일 비가 많이 온다고 합니다.
→

20. いい 天気が 続くそうです。(좋은 날씨가 계속 된다고 합니다)

21 木村さんも 風邪のようですね。

기무라씨는 감기인 것 같습니다.

バク：この頃、 寒く なりましたね。

木村：そうですね。 今朝は 風も 強くて、 時々 雪も 降りましたよ。

バク：急に 寒く なって、 風邪を ひきました。

木村：大丈夫ですか。 今日も 寒く なる そうですね。
お体に 気を つけて ください。

バク：すみません、 どうも。

木村：私も 昨日から 頭も 痛くて、 咳も 出ます。

バク：木村さんも 風邪のようですね。 早く 薬を 飲んで ください。

木村：はい。今朝、 飲みました。

バク：ところで、 日本も 韓国ほど 寒いですか。

木村：北海道は 韓国より 寒いです。
でも 一年中 暑い 沖縄も ありますよ。
たいてい、 その他の所は 韓国より 寒く ありません。

バク：ああ、 そうですか。 うらやましいですね。
ところで、 木村さんは 何に 乗って 来ましたか。

木村：地下鉄に 乗って 来ました。
バスと タクシーは 交通渋滞のため、 あまり 利用しません。
ソウル市内も 地下鉄を 利用した方が 便利らしいですね。

バク：それは そうですね。

21. 기무라씨는 감기인 것 같습니다.

박상근 : 요즘, 추워졌습니다.

기무라 : 그렇습니다. 오늘 아침은 바람도 강하고, 때때로 눈도 내렸습니다.

박상근 : 갑자기, 추워져 감기가 걸렸습니다.

기무라 : 괜찮습니까? 오늘도 추워진답니다.
건강 조심하세요.

박상근 : 감사합니다.

기무라 : 저도 어제부터 머리가 아프고, 기침도 나옵니다.

박상근 : 기무라씨도 감기인 것 같습니다. 어서 약을 드세요.

기무라 : 네, 오늘아침 먹었습니다.

박상근 : 그런데, 일본도 한국만큼 춥습니까?

기무라 : 홋카이도는 한국보다 춥습니다.
그러나 1년 내내 더운 오키나와도 있습니다.
대체로 그 외 장소는 한국보다 춥지 않습니다.

박상근 : 아, 그렇습니까? 부럽습니다.
그런데 기무라씨는 무엇을 타고 옵니까?

기무라 : 지하철을 타고 왔습니다.
버스와 택시는 교통정체 때문에, 별로 이용하지 않습니다.
서울시내도 지하철을 이용하는 편이 편리한 것 같습니다.

박상근 : 그건 그렇습니다.

21. 木村(きむら)さんも風邪(かぜ)のようですね。(기무라씨는 감기인 것 같습니다)

단 어

この頃(ごろ) : 요즘
今朝(けさ) : 오늘 아침
風(かぜ) : 바람
雪(ゆき) : 눈
体(からだ) : 몸
頭(あたま) : 머리
咳(せき) : 기침
薬(くすり) : 약
北海道(ほっかいどう) : 홋카이도
一年中(いちねんじゅう) : 1년 중, 1년 내내
沖縄(おきなわ) : 오키나와
所(ところ) : 곳, 장소
交通(こうつう) : 교통
バス : 버스
タクシー : 택시
渋滞(じゅうたい) : 정체
寒(さむ)く なる : 추워지다
強(つよ)い : 강하다, 강한
痛(いた)い : 아프다, 아픈
~らしい : ~인 것 같다
~ようだ : ~인 것 같다
残念(ざんねん)だ : 유감스럽다
時々(ときどき) : 때때로
急(きゅう)に : 갑자기
早(はや)く : 빨리
すみません、 どうも : 고맙습니다
降(ふ)る : 내리다
風邪(かぜ)を ひく : 감기가 걸리다
気(き)を 付(つ)ける : 조심하다
~て ください : ~해 주세요
出(で)る : 나오다
飲(の)む : 마시다, (약을)먹다
ところで : 그런데
~ほど : ~만큼
~より : ~보다
大抵(たいてい) : 대체로
その他(ほか) : 기타, 그밖에
~ため : ~때문에

삿포로 TV탑

삿포로 국제스키장

자료 : http://imagesearch.naver.com; http://www.snowfes.com/k/sightseeing.html

문법과 문형

1. 추측형의 여러 표현

3가지 추측표현이 나오는데, 다소 헷갈리는 부분일 수 있으므로 여러 번 반복해서 익혀 확실하게 정리해 두자.

1) ~ようだ(な형용사처럼 활용)

지금부터 나오는 기본형은 물론, 예삿말의 부정(~ない), 예삿말의 과거(~た), 예삿말의 과거부정(~なかった)까지 모두 포함한다.

(1) 동사 : 기본형 + ようだ

友達は 明日 来る ようです。(친구가 내일 올 것 같습니다)

風邪を ひいた ようです。(감기가 걸린 것 같습니다)

(2) い 형용사 : 기본형 + ようだ

韓国語は 発音が 難しい ようです。(한국어는 발음이 어려운 것 같습니다)

顔色が 悪かった ようです。(안색이 안 좋았던 것 같습니다)

(3) な 형용동사 : 명사 꾸며주는 어미 な + ようだ

夜は タクシーより バスの方が 安全な ようです。

(밤에는 택시보다 버스 쪽이 안전한 것 같습니다)

彼女は 若い時、 きれいだった ようです。

(그녀는 젊을 때, 예뻤던 것 같습니다)

21. 木村さんも 風邪のようですね。(기무라씨는 감기인 것 같습니다)

(4) 명사 : 명사 + の + ようだ

まるで 人形の ようです。(마치 인형 같습니다)

彼は 先生だった ようです。(그는 선생님이었던 것 같습니다)

■ **참고** : 동사원형 + ように(~하도록, ~하게)

よく 分かる ように 教えて ください。(알 수 있게)

日本語が 出来る ように なりました。(할 수 있게)

2) ~みたい(형용사처럼 활용)

앞서 익힌 ようだ와 활용이 거의 비슷한데, 형용동사와 명사 부분이 약간 다르다. 이 표현 역시 기본형은 물론, 예삿말의 부정(~ない), 예삿말의 과거(~た), 예삿말의 과거부정(~なかった)까지 모두 포함한다.

(1) 동사 : 기본형 + みたい

友達は 明日 来る みたいですね。(친구가 내일 올 것 같습니다.)

風邪を ひいた みたいです。(감기가 걸린 것 같습니다.)

(2) い 형용사 : 기본형 + みたい

韓国語は 発音が 難しい みたいです。(한국어는 발음이 어려운 것 같습니다)

顔色が 悪かった みたいです。(안색이 나쁜 것 같습니다)

(3) な 형용사 : 어간(현재형) + みたい

夜は タクシーより バスの方が 安全 みたいです。

(밤에는 택시보다 버스 쪽이 안전한 것 같습니다)

彼女(かのじょ)は 若(わか)い時(とき)、 きれい**だった みたいです**。

(그녀는 젊을 때, 예뻤던 것 같습니다)

(4) 명사 : 명사 + みたい

まるで **人形(にんぎょう) みたいです**。(마치 인형 같습니다.)

彼(かれ)は 先生(せんせい)**だった みたいです**。(그는 선생님이었던 것 같습니다)

3) ~らしい(형용사처럼 활용)

앞서 익힌 みたい와 활용이 동일하다. 이 표현 역시 기본형은 물론, 예삿말의 부정(~ない), 예삿말의 과거(~た), 예삿말의 과거부정(~なかった)까지 모두 포함한다.

(1) 동사 : 기본형 + らしい

友達(ともだち)は 明日(あす) **来(く)る らしいですね**。(친구가 내일 올 것 같습니다.)

風邪(かぜ)を **ひいた らしいです**。(감기가 걸린 것 같습니다.)

(2) い 형용사 : 기본형 + らしい

韓国語(かんこくご)は 発音(はつおん)が 難(むずか)しい **らしいです**。(한국어는 발음이 어려운 것 같습니다)

顔色(かおいろ)が 悪(わる)かった **らしいです**。(안색이 나쁜 것 같습니다)

(3) な 형용사 : 어간(현재형) + らしい

夜(よる)は タクシーより バスの方(ほう)が 安全(あんぜん) **らしいです**。

(밤에는 택시보다 버스 쪽이 안전한 것 같습니다)

彼女(かのじょ)は 若(わか)い時(とき)、 きれいだった **らしいです**。

(그녀는 젊을 때, 예뻤던 것 같습니다)

21. 木村(きむら)さんも 風邪(かぜ)のようですね。(기무라씨는 감기인 것 같습니다)

(4) 명사 : 명사 + らしい

人形(にんぎょう) らしいです。(마치 인형 같습니다)

窓(まど)を 割(わ)ったのは 田中君(たなかくん) らしいですよ。

(창문을 깬 것은 다나카군 같습니다)

彼(かれ)は 先生(せんせい)だった らしいです。

(그는 선생님이었던 것 같습니다)

■ **참고**

女(おんな)らしい(여자답다)、 男(おとこ)らしい(남자답다)

2. 형용사의 표현

い형용사 어간 ~く なる(寒(さむ)く なる : 추워지다)

な형용사(형용동사) 어간 ~に なる(楽(らく)に なる : 편안해지다)

명사 ~に なる(先生(せんせい)に なる : 선생님이 되다)

연습문제 ▶▶

1 漢字는 ひらがな로, ひらがな는 漢字로 쓰시오.

① 今朝　　② 風
③ 薬　　④ 一年中
⑤ 体　　⑥ ゆき
⑦ あたま　　⑧ せき
⑨ こうつう　　⑩ じゅうたい

2 (　　) 안에 적당한 말을 쓰시오.

① 今日も 寒い(　　　)ですね。 お体に 気を 付けて ください。

② 木村さんも 風邪(　　)ようですね。 早く 薬を 飲んで ください。

③ 地下鉄を 利用するのが 便利(　　　)ですね。

④ この頃、 寒(　　) なりましたね。

3 다음 문장을 일본어로 옮기시오.

① 어제부터 머리가 아프고, 기침도 나옵니다.
→

② 오늘도 더운 것 같습니다. 건강 조심하세요.
→

③ 1년 내내 더운 오키나와도 있습니다.
→

④ 서울시내도 지하철을 이용하는 것이 편리한 것 같습니다.
→

⑤ 버스와 택시는 교통정체 때문에, 별로 이용하지 않습니다.
→

21. 木村さんも 風邪のようですね。(기무라씨는 감기인 것 같습니다)

22 韓国へ 行こうと 思って います。

한국에 가려고 합니다.

ジョン：今度のゴールデンウィークの時、
　　　　何を する つもりですか。

中村：韓国へ 行こうと 思って います。

ジョン：わあ、いいですね。いつ 出発する 予定ですか。

中村：連休の初めの日に 出発しようと 思って います。
　　　　どこか いい 所を 紹介して ください。

ジョン：そうですね。 どこが いいかな。
　　　　やはり ソウルですね。
　　　　ソウル市内には いろんな 観光地が 多いですからね。

中村：どこが 有名ですか。

ジョン：テーマパークのロッテワールド、大学路、鍾路、
　　　　COEXモールが 有名な 所です。

中村：そうですか。 今度、是非 行って みます。

ジョン：それから、日本の浅草みたいな 仁寺洞という 所も ありますけど。

中村：へえ、そんな 所が ありますか。

ジョン：はい、お勧めの所の一つです。 楽しんで 来て 下さい。

22. 한국에 가려고 합니다.

전 미 선 : 이번 황금연휴 때, 무엇을 할 생각이십니까?

나카무라 : 한국에 가려고 합니다.

전 미 선 : 와, 좋겠네요. 언제 출발할 예정입니까?

나카무라 : 연휴 첫날 출발하려고 합니다.
어디 좋은 곳을 소개해 주세요.

전 미 선 : 글쎄요. 어디가 좋을까....
역시 서울입니다.
서울시내에는 여러 관광지가 많아서.

나카무라 : 어디가 유명합니까?

전 미 선 : 테마파크인 롯데월드, 대학로, 종로
코엑스가 유명한 곳입니다.

나카무라 : 그렇습니까? 이번에 꼭 가 보겠습니다.

전 미 선 : 그리고, 일본의 아사쿠사같은 인사동이라는 곳도 있는데.

나카무라 : 네? 그런 곳이 있습니까?

전 미 선 : 네, 추천하고 싶은 곳 중 하나입니다. 즐거운 관광이 되시기를

단 어

今度(こんど) : 이번
ゴールデンウィーク : 황금 연휴
連休(れんきゅう) : 연휴
初(はじ)めの日(ひ) : 첫날
観光地(かんこうち) : 관광지
テーマパーク : 테마파크
ロッテワールド : 롯데월드
大学路(デハンノ) : 대학로
鍾路(チョンノ) : 종로
COEX(コエクス)モール : 코엑스 몰
浅草(あさくさ) : 아사쿠사
仁寺洞(インサドン) : 인사동
お勧(すす)め : 추천
~つもり : ~생각
~予定(よてい) : ~예정
~(よ)う : ~려고(의지형 어미)
~と 思(おも)う : ~라고 생각하다
出発(しゅっぱつ)する : 출발하다
紹介(しょうかい)する : 소개하다
訪(たず)ねる : 방문하다
~て みる : ~해 보다
有名(ゆうめい)だ : 유명하다
やはり : 역시
是非(ぜひ) : 반드시, 꼭
それから : 그리고(나서)
~けど : ~이지만
わあ : 와
へえ : (놀랄 때) 네, 엣
楽(たの)しむ : 즐거운 시간되십시오

자료 : http://imagesearch.naver.com(인사동 거리)

문법과 문형

1. 동사의 권유형

동사어간 +「う、よう」: ~하자

1) Ⅰ그룹 동사(5단 동사) :「어미 ウ단 → オ단」+う

読(よ)む　—　読(よ)もう (읽자!)
　3　　　　　5

行(い)く　—　行(い)こう (가자!)
　3　　　　　5

2) Ⅱ그룹 동사(상하1단 동사) : 어간 + よう

教(おし)える　—　教(おし)えよう (가르치자!)

見(み)る　—　見(み)よう (보자!)

3) Ⅲ그룹 동사(변격동사)

する　—　しよう (하자!)

くる　—　こよう (오자!)

2. 동사의 의지형

1) 동사어간 + ~(よ)うと　思(おも)う　: ~려고 생각하다.

권유형과 거의 동일하고 동사 思(おも)う가 연결되면 의지형이 된다.

大学(だいがく)を 卒業(そつぎょう)してから 何(なに)を しようと 思(おも)って いますか。

(대학을 졸업하고 나서 무엇을 하려고 **생각합니까?**)

22. 韓国(かんこく)へ 行(い)こうと 思(おも)って います。(한국에 가려고 합니다)

私は　ツアーガイドに　なろうと　思って　います。

(나는　투어 가이드가　　되려고　　**합니다**)

2) 동사의 기본형 + つもりです。(~할 생각입니다.)

休暇の時、　何を　する　つもりですか。

(휴가 때,　무엇을　할　　**생각**입니까?)

来年、　アメリカへ　行く　つもりです。

(내년에　　미국에　　　갈　**작정**입니다)

友達を　招待する　つもりです。

(친구를　초대할　　**생각**입니다)

映画を　見に　行く　つもりです。

(영화를　보러　　갈　　**생각**입니다)

3) 동사의 기본형 + 予定です。(~할 예정입니다.)

明日、見合いを　する　予定です。

(내일,　　　선을　　볼　**예정**입니다)

会議で　　　話し合う　予定です。

(회의에서 이야기 나눌 **예정**입니다)

일반적으로 つもり는 주관적, 予定는 객관적인 사실을 나타날 때 사용한다고 하지만 혼용해서 사용하는 경우도 있다. 다만 はず는 객관적인 사실에만 사용한다.

※ **はず** : 객관적인 사실이나 당연한 귀결을 나타낼 때 쓴다.

来年　入隊する　はずです。(내년에 입대할 겁니다)

연·습·문·제 ►►

1 漢字(かんじ)는 ひらがな로, ひらがな는 漢字(かんじ)로 쓰시오.

① 連休　　　　② 浅草
③ お勧め　　　④ 是非
⑤ こんど　　　⑥ はじめ
⑦ しゅっぱつ　⑧ たずねる
⑨ ゆうめいだ　⑩ おたのしみに

2 (　　) 안에 적당한 말을 쓰시오.

① 今度(こんど)の連休(れんきゅう)は 何(なに)を する (　　　　)ですか。

② 韓国(かんこく)へ 行(い)こ(　)と 思(おも)って います。

③ いつ 出発(しゅっぱつ)する (　　　)ですか。

④ 明日(あした)、出発(しゅっぱつ)し(　　　)と 思(おも)って います。

3 다음 문장을 일본어로 옮기시오.

① 연휴 때, 미국에 가려고 합니다.
→

② 모레, 출발할 예정입니다.
→

③ 인사동은 꼭 방문해 보겠습니다.
→

④ 좋은 곳을 소개해 주십시오.
→

⑤ 즐거운 시간이 되시기를
→

22. 韓国(かんこく)へ 行(い)こうと 思(おも)って います。(한국에 가려고 합니다)

23 プレゼントを もらいました。

목걸이를 받았습니다.

鈴木：今日、オさんは 本当に 嬉しそうですね。

オ：ええ、昨日 恋人から プレゼントを もらったんです。

鈴木：ああ、そうですか。恋人に 何を 買って もらいましたか。

オ：ネックレスを 買って もらいました。

鈴木：わあ、羨ましいですね。

オ：それから、会社の同僚たちも プレゼントを くれました。

鈴木：昨日 何か ありましたか。

オ：実は、昨日は 私の誕生日でした。

仕事が 終ってから、レストランで 誕生パーティーが ありました。

鈴木：僕は 出張中でしたから 知りませんでした。ごめんなさい。

プレゼントじゃないけど、私も 出張先で 買った お土産を 上げます。

どうぞ。

オ：ああ、ありがとう ございます。

鈴木：誕生パーティーは 楽しかったんですか。

オ：はい、とても 楽しかったです。

23. 목걸이를 받았습니다.

스즈키 : 오늘, 오현정씨 정말로 기분이 좋아 보이네요.

오현정 : 네, 어제 애인한테 선물을 받았으니까요.

스즈키 : 아, 그래요. 애인이 무엇을 사 주었습니까?

오현정 : 목걸이를 사 주었습니다.

스즈키 : 야, 부럽습니다.

오현정 : 그리고 회사 동료들도 선물을 주셨습니다.

스즈키 : 어제, 무슨 일 있었습니까?

오현정 : 사실은 어제는 제 생일이었습니다.
퇴근 후에, 레스토랑에서 생일 파티가 있었습니다.

스즈키 : 저는 출장중이라 몰랐습니다. 죄송합니다.
선물은 아니지만, 저도 출장간 곳에서 산 선물을 드리겠습니다.
자 받으세요.

오현정 : 아, 그렇습니까? 감사합니다.

스즈키 : 생일파티는 즐거웠습니까?

오현정 : 네, 너무 즐거웠습니다.

단 어

恋人(こいびと) : 애인, 연인
ネックレス : 목걸이
プレゼント : 선물
同僚(どうりょう) : 동료
誕生日(たんじょうび) : 생일(생신은 お~)
仕事(しごと) : 일, 업무
レストラン : 레스토랑
誕生(たんじょう)パ-ティ- : 생일파티
出張中(しゅっちょうちゅう) : 출장중
出張先(しゅっちょうさき) : 출장처, 출장장소
お土産(みやげ) : 선물(관광지, 지역)
嬉(うれ)しい : 기쁘다
楽(たの)しい : 즐겁다, 즐거운

本当(ほんとう)に : 정말로
実(じつ)は : 사실은
~から : ~로부터, ~한테
それから : 그리고(나서)
~た 後(あと) : ~한 후에
~けど : ~이지만
何(なに)か : 무언가, 뭔가
~じゃないです : ~이 아닙니다
~もらう : ~ 해 받다
~くれる : ~해 주다(남이 나에게)
差(さ)し上(あ)げる : 드리다(내가 남에게)
終(おわ)る : 끝나다
知(し)る : 알다
ごめんなさい : 미안합니다
すみません : 죄송, 감사, 실례합니다

문법과 문형

1. 수수동사

수수동사는 주고받는 동사를 의미하는데, 일본어의 어려운 부분 중의 하나이다. 중간에 동사가 들어가서 수수동사의 의미를 명확하게 해 주기도 하는데 잘 익혀두자.

1) 내가 상대방, 제3자에게 주는 것, 내 입장에 있는 사람들(가족, 동료 등)이 다른 상대방, 제3자에게 무언가를 주는 입장일 때 사용

~て　やる	(내가 남에게)　~해 주다
~て　あげる	(내가 남에게)　~해 주다
~て　差し上げる	(내가 남에게)　~해 드리다

私は　子供に　本を　読んで　やる。**(나 → 제3자)**

(나는 아이에게 책을　읽어　**준다**)

(あなたは) 中村さんに　何を　買って　あげましたか。**(상대 → 제3자)**

(당신은 나카무라씨에게　무엇을　**사**　**주었습니까?**)

高橋さんは　社長に　お金を　貸して　上げました。**(제3자 → 제3자)**

(다카하시씨는 사장님께　돈을　**빌려　드렸습니다**)

2) 상대방, 제3자가 나에게 주는 것, 상대방, 제3자가 내 입장에 있는 사람들(가족, 동료 등)에게 무언가를 주는 입장일 때 사용

~て　くれる	(남이 나에게)　~해 주다
~て　くださる	(남이 나에게)　~해 주시다

23. プレゼントを　もらいました。(목걸이를 받았습니다)

母は (私に) いつも 誕生祝いのケーキを 作って くれます。(상대방 → 나)

(엄마는 항상 생일축하 케이크를 만들어 줍니다)

= 私は 母に いつも 誕生祝いのケーキを 作って もらいます。

(저는 엄마께 항상 생일축하 케이크를 만들어 받습니다)

兄が 私の靴を 取って くれました。(상대방 → 나)

(형이 내 구두를 집어 주었습니다)

先生が 妹に ビビンバを 買って くれました。(제3자 → 제3자)

(교수님이 여동생에게 비빔밥을 사 주었습니다)

3) 2)의 표현과 유사하지만 약간 다르다. 즉 주어가 바뀌는 것이 가장 중요한 차이이다. 내가 남에게 무언가를 (해) 받았을 때 사용하는 표현이다.

~て もらう (남으로부터) ~해 받다

~て いただく (남으로부터) ~해 받게 되다

作り方は 林さんに 教えて もらいました。(제3자 → 나)

(만드는 법은 하야시씨에게 가르쳐 받았습니다)

= 作り方は 林さんが 教えて くださいました。

(만드는 법은 하야시씨가 가르쳐 주셨습니다)

(あなたは) 森さんから 何を 書いて いただきましたか。(제3자 → 상대)

(당신은 모리씨로부터 무엇을 써 받았습니까?)

= 森さんは あなたに 何を 書いて くださいましたか。

(모리씨는 당신에게 무엇을 써 주셨습니까?)

小泉(こいずみ)さんは ブッシュ大統領(だいとうりょう)に 何(なに)を 教(おし)えて もらいましたか。**(제3자 → 제3자)**

(고이즈미씨는 부시 대통령에게 무얼 가르쳐 받았습니까?)

= ブッシュ大統領(だいとうりょう)は 小泉(こいずみ)さんに 何(なに)を 教(おし)えて あげましたか。

(부시 대통령은 고이즈미씨에게 무엇을 가르쳐 주었습니까?)

23. プレゼントを もらいました。(목걸이를 받았습니다)

연·습·문·제 ▶▶

1 漢字(かんじ)는 ひらがなで, ひらがなは 漢字(かんじ)로 쓰시오.

① 顔色	② 同僚
③ 誕生日	④ お土産(みやげ)
⑤ 本当に	⑥ たいしゃする
⑦ こいびと	⑧ しる
⑨ さいあげる	⑩ じつは

2 (　　) 안에 적당한 말을 쓰시오.

① 昨日(きのう) 恋人(こいびと)から プレゼントを 買(か)って (　　　　)ましたから

② 恋人(こいびと)が 何(なに)を 買(か)って (　　　)ましたか。

③ 同僚(どうりょう)たちも プレゼントを (정중어 :　　　　　)ました。

④ 退社(たいしゃ)し(　　)後(あと)、レストランで 誕生(たんじょう)パーティーが ありました。

3 다음 문장을 일본어로 옮기시오.

① 김동수씨는 당신에게 무엇을 사 주었습니까?
→

② 나카무라씨는 교수님께 사전을 받았습니다.
→

③ 나는 어머니께 생신 선물을 드렸습니다.
→

④ 다나카씨는 남동생에게 과자를 사 주었습니다.
→

⑤ 친구에게 돈을 빌려 주었습니다.
→

24 母に 叱られました。

어머니에게 야단맞았습니다.

伊藤：今日、ムンさんの顔色が 悪いですね。

　　　ムンさん、元気が ないですね。

ムン：今朝、母に 叱られました。

伊藤：どうしてですか。

ムン：夕べ、友達と一緒に、夜遅くまで お酒を たくさん 飲んだんです。

伊藤：ああ、そうですか。

ムン：それで 朝寝坊を して、学校にも 遅刻して しまいました。

伊藤：ムンさんは よく お酒を 飲む そうですが、

　　　その度に 叱られますか。

ムン：いいえ、親に 褒められる 事も ありますよ。

伊藤：どう いう 事で 褒められますか。

ムン：私は パソコンが よく できますが、

　　　関連のライセンスを 取る度に 褒められました。

伊藤：ところで 今日、学校の方は 大丈夫でしたか。

ムン：はい、先生は むしろ 私の体を 心配して くださいました。

伊藤：わあ、本当に やさしい 先生ですね。

ムン：はい、そうです。ですから、心から 感謝して います。

24. 어머니에게 야단맞았습니다.

이　토 : 오늘 문재헌씨 안색이 안 좋습니다.
　　　　문재헌씨 풀이 죽어 있습니다.

문재헌 : 오늘 아침, 어머니께 야단맞았습니다.

이　토 : 어쩌다가?

문재헌 : 간밤에 친구와 함께 밤늦게까지 술을 많이 마셔서...

이　토 : 아아, 그렇습니까?

문재헌 : 그래서 늦잠을 자서, 학교에 지각하고 말았습니다.

이　토 : 문재헌씨는 자주 술을 마신다고 들었는데,
　　　　그 때마다 야단을 맞습니까?

문재헌 : 아니오, 부모님께 칭찬을 받는 일도 있습니다.

이　토 : 어떤 일로 칭찬을 받습니까?

문재헌 : 저는 컴퓨터를 잘하는데,
　　　　관련 자격증을 취득할 때마다 칭찬을 받았습니다.

이　토 : 그런데 오늘, 학교 쪽은 괜찮았습니까?

문재헌 : 교수님은 오히려 제 몸을 걱정해 주셨습니다.

이　토 : 우와, 정말 자상하신 교수님이십니다.

문재헌 : 네, 그렇습니다. 그래서 마음으로부터 감사하고 있습니다.

단 어

今朝(けさ) : 오늘 아침
夕べ(ゆう) : 지난 밤, 간밤
お酒(さけ) : 술
親(おや) : 양친, 부모
パソコン : 컴퓨터
関連(かんれん) : 관련
ライセンス : 자격증
体(からだ) : 몸
叱(しか)る : 야단치다
~(ら)れる : ~되다(수동형 어미)
朝寝坊(あさねぼう)を する : 늦잠을 자다
遅刻(ちこく)する : 지각하다
褒(ほ)める : 칭찬하다
取(と)る : 취득하다, 집다
心配(しんぱい)する : 걱정하다
感謝(かんしゃ)する : 존경하다
どうしてですか : 웬일입니까?
よく できる : 잘하다, 능숙하다
やさしい : 상냥하다, 자상하다
大丈夫(だいじょうぶ)だ : 괜찮다
~と 一緒(いっしょ)に : ~와 함께
夜遅(よるおそ)く : 밤 늦게
よく : 자주, 잘
むしろ : 오히려
本当(ほんとう)に : 정말로
その度(たび)に : 그 때마다
心(こころ)から : 마음으로부터
どう いう : 어떤
それで : 그래서
ところで : 그런데
ですから : 그래서
~そうだ : ~라고 하다, 일 것이다

■ **주의** : 수동태로 고칠 수 없는 동사(일반적으로 자동사)

発展(はってん)する(발전하다)	発生(はっせい)する(발생하다, 발생되다)
成長(せいちょう)する(성장하다)	普及(ふきゅう)する(보급하다, 보급되다)
感動(かんどう)する(감동하다)	感染(かんせん)する(감염되다)
緊張(きんちょう)する(긴장하다, 긴장되다)	矛盾(むじゅん)する(모순되다)
安定(あんてい)する(안정되다)	挫折(ざせつ)する(좌절하다, 좌절되다)
関連(かんれん)する(관련되다)	関係(かんけい)する(관계하다, 관계되다)

문법과 문형

1. 수동형(피동)

ない형에 「れる · られる」를 붙여 「당하다」라는 의미로 사용한다. 아래의 문장을 간접수동이라고도 한다.

1) Ⅰ그룹 동사(5단 동사) : 동사의 ない형 + れる

叱る — 叱ら**れる**
3 — 1

書く — 書か**れる**
3 — 1

雨に 降ら**れて** 風邪を 引いて しまいました。

= 雨が 降っ**て** 風邪を 引いて しまいました。

(비를 맞아 감기에 걸리고 말았습니다)

父に 死な**れて** 困りました。

= 父が 死ん**で** 困りました。

(아버지를 여의어 곤란했습니다)

電車の中で 女性**に** 足を 踏ま**れて** しまいました。

= 電車の中で 女性が 足を 踏んで しまいました。

(전철 안에서 여성에게 발을 밟혀 버렸습니다)

赤ちゃんに 泣か**れて** 寝られませんでした。

= 赤ちゃんが 泣い**て** 寝られませんでした。

(아기가 울어 잠을 이룰 수 없었습니다)

24. 母に 叱られました。(어머니에게 야단맞았습니다)

사실 인칭과 관련된 수동형 に와 수동형 (ら)れる가 함께 나올 경우에는, 능동형 が와 능동형 て로 고치면 이해하기가 쉽다.

2) Ⅱ그룹 동사(상하1단 동사) : 동사의 어간 + られる

見(み)る — 見(み)**られる**

褒(ほ)める — 褒(ほ)め**られる**

先生(せんせい)に　レポートを 褒(ほ)め**られて** 気分(きぶん)が いいです。

(교수님께 레포트를　칭찬받아　기분이 좋습니다)

= 先生(せんせい)が　レポートを 褒(ほ)めて　気分(きぶん)が いいです。

(교수님이 레포트를　칭찬해　기분이 좋습니다)

この建物(たてもの)は 10年前(ねんまえ)に 建(た)て**られた**ものです。

(이 건물은 10년 전에 세워진　　것입니다)

3) Ⅲ그룹 동사(변격동사)

来(く)る — **来(こ)られる**

する — **される**

友達(ともだち)に　来(こ)られて　勉強(べんきょう)が　できませんでした。

= 友達(ともだち)が　来(き)て　　勉強(べんきょう)が　できませんでした。

(친구가　와서　　공부를　할 수 없었습니다)

この辺(へん)は　10年前(ねんまえ)から 開発(かいはつ)**されて** います。

(이 부근은　10년 전부터 개발되었습니다)

연·습·문·제 ►►

1 漢字(かんじ)는 ひらがな로, ひらがな는 漢字(かんじ)로 쓰시오.

① 夕べ　　② 両親
③ 朝寝坊　　④ お酒
⑤ 体　　⑥ しかる
⑦ しんぱいする　　⑧ そんけいする
⑨ かんれん　　⑩ だいじょうぶだ

2 (　　)안에 적당한 말을 쓰시오.

① 昨日(きのう)、母(はは)(　) 叱(しか)られました。

② 先生(せんせい)から 褒(ほ)め(　　　) 事(こと)も あります。

③ 私(わたし)は コンピューター(　) よく できます。

④ 関連(かんれん)ライセンスを 取(と)る(　　)に 褒(ほ)められました。

3 다음 문장을 일본어로 옮기시오.

① 오늘 안색이 안 좋습니다. 웬입니까?
→

② 돈을 도둑맞았습니다. (盗(ぬす)む : 훔치다)
→

③ 버스 안에서 여성에게 발을 밟혔습니다. (踏(ふ)む : 밟다)
→

④ 교수님께 레포트를 칭찬받아 기분이 좋습니다.
→

⑤ 회사로부터 오는 길에 비에 맞았습니다.
→

24. 母(はは)に 叱(しか)られました。(어머니에게 야단맞았습니다)

25 学生に 本を 読ませます。

학생에게 책을 읽힙니다.

私は 日本語を 習って います。

学校と日本語学院で 勉強して います。

日本語は 勉強すれば するほど 難しいです。

でも、韓国語と 語順が 同じで、 他の外国語より 易しい方です。

これからも 一生懸命に 頑張って いきたいと 思います。

日本語の先生は 本当に 親切で 奇麗です。

でも、授業だけは すごく 厳しいです。

授業の時、学生に 色々な 事を させます。

まず、前の時間に 習った 部分の 単語テストが あります。

それから、今日の本文の内容を 読んで 聞かせます。

聞かせた後、学生たちは 先生に 内容を 読ませられます。

それが 終ったら、先生が 内容を 韓国語に 直して くれます。

会話の練習のために 学生に 一人一人 喋らせます。

ですから、復習と予習を しなければ なりません。

先生は 学生のために 色々 気を 配って くれます。

25. 학생에게 책을 읽힙니다.

저는 일본어를 배우고 있습니다.
학교와 일본어학원에서 공부하고 있습니다.
일본어는 공부하면 할수록 어렵습니다.
그러나 한국어와 어순이 같아, 다른 외국어보다 쉬운 편입니다.
앞으로도 열심히 해 나갈 생각입니다.

일본어 교수님은 상당히 친절하고 예쁩니다.
그러나 수업만큼은 상당히 엄격하십니다.

수업 때, 학생에게 여러 가지 것을 시킵니다.
우선, 전 시간에 배운 부분의 단어시험이 있습니다.
그리고, 오늘의 본문내용을 읽고 듣게 합니다.
듣게 한 후, 학생에게 내용을 읽힙니다.

그것이 끝나면, 교수님이 내용을 한국어로 바꾸어 줍니다.
회화연습을 위해서 학생에게 한 사람 한 사람 말하게 합니다.
따라서, 복습과 예습을 해야만 합니다.

교수님은 학생을 위해서 여러 가지로 신경을 쓰고 있습니다.

25. 学生に 本を 読ませます。(학생에게 책을 읽힙니다)

단 어

日本語学院 : 일본어 학원
語順 : 어순
外国語 : 외국어
授業 : 수업
部分 : 부분
単語テスト : 단어시험
本文 : 본문
内容 : 내용
会話 : 회화
練習 : 연습
一人一人 : 한 사람 한 사람
復習 : 복습
予習 : 예습
難しい : 어렵다, 어려운
易しい : 쉽다, 쉬운
厳しい : 엄격하다, 엄격한
同じだ : 동일하다, 같다
親切だ : 친절하다
奇麗だ : 예쁘다, 아름답다
色々な : 여러 가지
一生懸命に : 열심히
本当に : 정말로, 상당히
すごく : 상당히, 꽤
でも : 그러나
これからも : 앞으로도
まず : 우선
ですから : 따라서, 그래서
~方 : ~편
~だけ : ~뿐
習う : 배우다
頑張る : 열심히 하다
読む : 읽다
直す : 고치다, 바꾸다
聞かせる : 듣게 하다
読ませる : 읽게 하다
終ったら : 끝나면
(さ)せる : 시키다
喋らせる : 말하게 하다
勉強する : 공부하다
気を 配る : 신경을 쓰다
~すれば するほど : ~하면 ~할수록
~て いる : ~하고 있다
~なければ なりません : ~해야 합니다
~ために : ~위해서, ~때문에

문법과 문형

1. 사역동사

사역의 뜻으로 ない형에 「せる·させる」를 붙여 「시키다」라는 의미로 사용한다.

1) Ⅰ그룹 동사(5단 동사) : 동사의 ない형 + せる·す

行く　—　行か**せる**、行か**す**(가게 하다)
3　　　　1

喜ぶ　—　喜ば**せる**、喜ば**す**(기쁘게 하다)
3　　　　1

先生は　学生に　テープを　聞かせます。
(교수님은　학생에게　테이프를　듣게 합니다)

2) Ⅱ그룹 동사(상하1단 동사) : 동사의 어간 + させる

着る　—　着**させる**(입게 하다)

食べる　—　食べ**させる**(먹게 하다)

妹に　ドアを　閉めさせました。
(여동생에게 문을 닫게 했습니다)

3) Ⅲ그룹 동사(변격동사)

来る　—　**来させる**(오게 하다)

する　—　**させる**(시키다)

子供に　庭の掃除を　させようと 思います
(어린이에게　마당청소를　시키려고　합니다)

25. 学生に 本を 読ませます。(학생에게 책을 읽힙니다)

2. 사역수동

사역과 수동이 함께 나오는 표현인데, 다소 어려우므로 잘 익혀두자.

– 어떤 일을 시키는 입장은 사역형

– 어떤 일을 지시 받아 하게 되는 입장이 사역수동형

사역 + 수동표현(동사의 ない형 + せられる/される)

私(わたし)は　兄(あに)に　お使(つか)いに　行(い)か**せられます**。

私(わたし)は　兄(あに)に　お使(つか)いに　行(い)か**されます**。

직역 (저는 오빠에게 심부름하러　가게 시킴을 당합니다)

의역 (저는 오빠가　심부름을 시키셔서　가게 되었습니다)

(오빠는 내게 심부름하게 합니다)

私(わたし)は　弟(おとうと)に　お菓子(かし)を　買(か)わ**せられます**。

私(わたし)は　弟(おとうと)に　お菓子(かし)を　買(か)わ**されます**。

직역 (저는 남동생에게 과자를　사게 시킴을 당합니다)

의역 (저는 남동생이　과자를　사게 합니다)

(동생은 내게 과자를 사게 합니다)

3. ~すれば　するほど : 하면 할수록

分(わ)かれば　わかるほど : 알면 알수록

読(よ)めば　読(よ)むほど : 읽으면 읽을수록

4. 명사 + の ために : ① 목적(~을/를 위하여), ② 이유(~ 때문에)

先生(せんせい)は　学生(がくせい)のために　色々(いろいろ)　気(き)を　配(くば)って　います。

(교수님은 학생을 위해서　여러 가지로 신경을　쓰고　있습니다)

風邪(かぜ)のために 行(い)けませんでした。

(감기 때문에　갈수 없었습니다)

연·습·문·제

1 漢字는 ひらがな로, ひらがな는 漢字로 쓰시오.

① 本文 ② 内容
③ 会話 ④ 練習
⑤ 一生懸命に ⑥ ふくしゅう
⑦ よしゅう ⑧ きびしい
⑨ がんばる ⑩ くばる

2 ( ) 안에 적당한 말을 쓰시오.

① 今日の本文の内容を 読んで 聞か( )ます。

② 学生たちは 先生に 内容を 読ま( )ます。

③ 会話の練習には 学生に 一人一人 喋ら( )ます。

④ 妹に ドアを 閉め( )ました。

3 다음 문장을 일본어로 옮기시오.

① 학생에게 한 사람 한 사람 말하게 합니다.
→

② 복습과 예습을 해야만 합니다.
→

③ 오늘의 본문내용을 읽고 듣게 합니다.
→

④ 수업 때, 학생에게 여러 가지 것을 시킵니다.
→

⑤ 어린이에게 마당 청소를 시킵니다.
→

25. 学生に 本を 読ませます。(학생에게 책을 읽힙니다)

26 先生(せんせい) いらっしゃいますか。

교수님 계십니까?

ジョン：もしもし、安島先生(やすじませんせい)のお宅(たく)ですか。

奥(おく)さん：はい、そうですが。

ジョン：韓国(かんこく)のジョンと 申(もう)しますが。

安島先生(やすじませんせい) いらっしゃいますか。

奥(おく)さん：申(もう)し訳(わけ) ございません。

主人(しゅじん)は 只今(ただいま) 出張中(しゅっちょうちゅう)ですが。

ジョン：ああ、そうですか。いつ お戻(もど)りになりますか。

奥(おく)さん：あさって 戻(もど)る 予定(よてい)です。

ジョン：それでは 後(のち)ほど お電話(でんわ)致(いた)します。

奥(おく)さん：はい、分(わ)かりました。

ジョン：じゃ、失礼致(しつれいいた)します。

奥(おく)さん：失礼(しつれい)します。

26. 교수님 계십니까?

정인환 : 여보세요, 야스지마 교수님 댁입니까?

사모님 : 네, 그런데요.

정인환 : 한국의 정인환이라고 합니다.

야스지마 교수님 계십니까?

사모님 : 죄송합니다.

교수님은 지금 출장 중입니다만.

정인환 : 아, 그렇습니까? 언제 돌아오십니까?

사모님 : 모레 돌아올 예정입니다.

정인환 : 그럼 나중에 전화드리겠습니다.

사모님 : 네, 알겠습니다.

정인환 : 그럼 실례하겠습니다.

사모님 : 실례하겠습니다.

26. 先生(せんせい) いらっしゃいますか。(교수님 계십니까?)

단 어

もしもし : 여보세요
お宅(たく) : 댁, 집
奥(おく)さん : 아주머니, 사모님
主人(しゅじん) : 주인, 남편
只今(ただいま) : 지금, 다녀왔습니다
出張中(しゅっちょうちゅう) : 출장 중
いつ : 언제
あさって : 모레
~と 申(もう)す : ~라고 하다
いらっしゃいますか : 계십니까?
申(もう)し訳(わけ)ございません : 죄송합니다
お戻(もど)りになる : 돌아오시다
戻(もど)る : 돌아오다
後(のち)ほど : 나중에 또
お電話(でんわ)致(いた)します : 전화드리겠습니다
失礼致(しつれいいた)します : 실례합니다

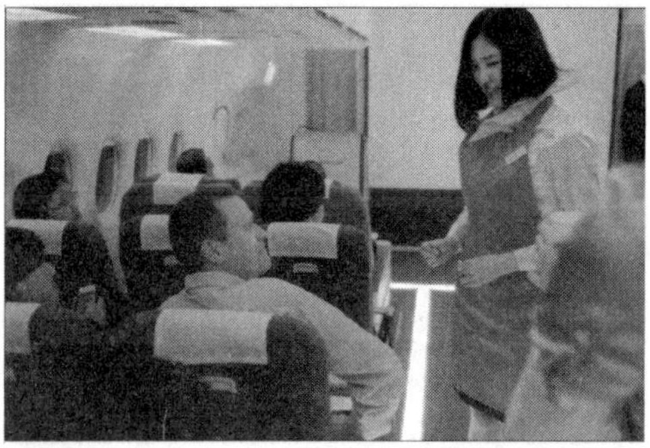

자료 : 장원기(2012). 테이블 매너(상단 우측) ; 동북아관광학회 2012 하계 국제학술대회(하단)

문법과 문형

1. 존경어와 겸양어

존경어는 상대방을 높이는 표현이고, 겸양어는 자신을 낮춤으로써 상대방을 존중하는 표현이다.

1) 규칙동사의 존경과 겸양

구 분	존경 ① ない형 + (ら)れる ② お+ます형 + に　なる	겸양 ① お+ます형 + する ② お+ます형 + いたす
5단동사	書(か)く → **書(か)かれる** 3　　　1 **お書(か)きになる** 帰(かえ)る → **帰(かえ)られる** 3　　　1 **お帰(かえ)りになる**	書(か)く → **お書(か)きする** **お書(か)きいたす** 帰(かえ)る → **お帰(かえ)りする** **お帰(かえ)りいたす**
상하1단 동 사	電話(でんわ)を　かける →電話(でんわ)を　かけ**られる** **おかけになる** 起(お)きる→ 起(お)き**られる** **お起(お)きになる**	電話(でんわ)を　かける 電話(でんわ)を　**おかけする** **おかけいたす** 起(お)きる → **お起(お)きする** **お起(お)きいたす**

2) 불규칙 동사의 존경과 겸양

구 분	존 경	겸 양
居(い)る	いらっしゃる	居(お)る
行(い)く		参(まい)る
来(く)る		
する	なさる	致(いた)す
言(い)う	おっしゃる	申(もう)す
食(た)べる	召(め)し上(あ)がる	頂(いただ)く
見(み)る	ご覧(らん)になる	拝見(はいけん)する

26. **先生(せんせい)** いらっしゃいますか。(교수님 계십니까?)

연습문제

1 漢字는 ひらがな로, ひらがな는 漢字로 쓰시오.

① お宅　　② 奥さん

③ 只今　　④ 出張中

⑤ 申す　　⑥ もどる

⑦ いたします　　⑧ もうしわけ ございません

⑨ あとで　　⑩ しつれい

2 (　　) 안에 적당한 말을 쓰시오.

① 私は 韓国のジョン(　　) もうしますが。

② 安島先生 (계십니까 :　　　　　　　　　)

③ いつ お戻り(　　)なりますか。

④ また 後(　　) お電話します。

3 다음 문장을 일본어로 옮기시오.

① 여보세요, 나카무라 선생님 댁 입니까?

→

② 중국의 왕이라고 합니다.

→

③ 마에다 교수님, 계십니까? (前田)

→

④ 어머니는 언제 돌아오십니까?

→

⑤ 나중에 전화드리겠습니다.

→

부 록

■ 조수사

1. 숫자(서수)

뜻	표기	읽기
하나	一つ	ひとつ
둘	二つ	ふたつ
셋	三つ	みっつ
넷	四つ	よっつ
다섯	五つ	いつつ
여섯	六つ	むっつ
일곱	七つ	ななつ
여덟	八つ	やっつ
아홉	九つ	ここのつ
열	十	とお

2. 숫자(기수)

숫 자	읽 기	숫 자	읽 기
1	いち	10	じゅう
2	に	20	にじゅう
3	さん	30	さんじゅう
4	し、よん	40	よんじゅう
5	ご	50	ごじゅう
6	ろく	60	ろくじゅう
7	しち、なな	70	ななじゅう
8	はち	80	はちじゅう
9	きゅう、く	90	きゅうじゅう
10	じゅう	100	ひゃく
11	じゅういち	200	にひゃく

12	じゅうに	300	さんびゃく
13	じゅうさん	400	よんひゃく
14	じゅうよん	500	ごひゃく
15	じゅうご	600	ろっぴゃく
16	じゅうろく	700	ななひゃく
17	じゅうなな	800	はっぴゃく
18	じゅうはち	900	きゅうひゃく
19	じゅうきゅう	1,000	せん
20	にじゅう	10,000	いちまん

3. ~개월

뜻	표기	읽기
1개월	1か月	いっかげつ
2개월	2か月	にかげつ
3개월	3か月	さんかげつ
4개월	4か月	よんかげつ
5개월	5か月	ごかげつ
6개월	6か月	ろっかげつ
7개월	7か月	ななかげつ
8개월	8か月	はっかげつ
9개월	9か月	きゅうかげつ
10개월	10か月	じっかげつ
11개월	11か月	じゅういっかげつ
12개월	12か月	じゅうにかげつ

4. ~월, ~일

一月(いちがつ)	一日(ついたち)		
二月(にがつ)	二日(ふつか)		
三月(さんがつ)	三日(みっか)		
四月(しがつ)	四日(よっか)	十四日(じゅうよっか)	二十四日(にじゅうよっか)
五月(ごがつ)	五日(いつか)		
六月(ろくがつ)	六日(むいか)		
七月(しちがつ)	七日(なのか)		
八月(はちがつ)	八日(ようか)		
九月(くがつ)	九日(ここのか)		
十月(じゅうがつ)	十日(とおか)	二十日(はつか)	
十一月(じゅういちがつ)	十一日(じゅういちにち)		
十二月(じゅうにがつ)	十二日(じゅうににち)		
何月(なんがつ)	何日(なんにち)		

5. 연도와 월

一昨年(おととし) : 재작년	先々月(せんせんげつ) : 지지난달
昨年(さくねん)、去年(きょねん) : 작년	先月(せんげつ) : 지난 달
今年(ことし) : 금년	今月(こんげつ) : 이번 달
来年(らいねん) : 내년	来月(らいげつ) : 다음 달
再来年(さらいねん) : 내후년	再来月(さらいげつ) : 다다음달
毎年(まいねん)、毎年(まいとし) : 매년	

6. 주와 일

先々週(せんせんしゅう) : 지지난 주	一昨日(おととい) : 그저께
先週(せんしゅう) : 지난 주	昨日(きのう) : 어제
今週(こんしゅう) : 이번 주	今日(きょう) : 오늘
来週(らいしゅう) : 다음 주	明日(あした) : 내일
再来週(さらいしゅう) : 다다음주	明後日(あさって) : 모레
	明明後日(しあさって) : 글피

7. 시간과 분

一時(いちじ)	二時(にじ)	三時(さんじ)	四時(よじ)	五時(ごじ)	六時(ろくじ)
七時(しちじ)	八時(はちじ)	九時(くじ)	十時(じゅうじ)	十一時(じゅういちじ)	十二時(じゅうにじ)
一分(いっぷん)	二分(にふん)	三分(さんぷん)	四分(よんぷん)	五分(ごふん)	六分(ろっぷん)
七分(ななふん)	八分(はっぷん)(八分(はちふん))	九分(きゅうふん)	十分(じゅっぷん)(十分(じっぷん))	二十分(にじゅっぷん)(二十分(にじっぷん))	四十分(よんじゅっぷん)(四十分(よんじっぷん))
一秒(いちびょう)	二秒(にびょう)	三秒(さんびょう)	四秒(よんびょう)	五秒(ごびょう)	六秒(ろくびょう)
七秒(ななびょう)、七秒(しちびょう)	八秒(はちびょう)	九秒(きゅうびょう)	十秒(じゅうびょう)	二十秒(にじゅうびょう)	四十秒(よんじゅうびょう)

8. 각 요일 표현

요 일	읽 기
日 曜 日	にちようび
月 曜 日	げつようび
火 曜 日	かようび
水 曜 日	すいようび
木 曜 日	もくようび
金 曜 日	きんようび
土 曜 日	どようび

9. 사람

一人	ひとり	六人	ろくにん
二人	ふたり	七人	しちにん
三人	さんにん	八人	はちにん
四人	よにん	九人	きゅうにん
五人	ごにん	十人	じゅうにん

10. 동물

1) 생선, 개 따위의 동물을 셀 때

一匹(いっぴき)	한 마리	二匹(にひき)	두 마리
三匹(さんびき)	세 마리	四匹(よんひき)	네 마리
五匹(ごひき)	다섯 마리	六匹(ろっぴき)	여섯 마리
七匹(ななひき)	일곱 마리	八匹(はっぴき)	여덟 마리
九匹(きゅうひき)	아홉 마리	十匹(じっぴき)	열 마리
何匹(なんびき)	몇 마리		

2) 말, 소와 같이 큰 동물을 셀 때

一頭(いっとう)	한 두	二頭(にとう)	두 두
三頭(さんとう)	세 두	四頭(よんとう)	네 두
五頭(ごとう)	다섯 두	六頭(ろくとう)	여섯 두
七頭(しち·ななとう)	일곱 두	八頭(はっとう)	여덟 두
九頭(きゅうとう)	아홉 두	十頭(じっとう)	열두
何頭(なんとう)	몇 두		

3) 새를 셀 때

一羽(いちわ)	한 마리	二羽(にわ)	두 마리
三羽(さんば)	세 마리	四羽(よんわ)	네 마리
五羽(ごわ)	다섯 마리	六羽(ろっぱ)	여섯 마리
七羽(ななわ)	일곱 마리	八羽(はちわ·はっぱ)	여덟 마리
九羽(きゅうわ)	아홉 마리	十羽(じっぱ)	열 마리
何羽(なんば)	몇 마리		

11. 건물 등의 층수

一階(いっかい)	1층	二階(にかい)	2층
三階(さんがい)	3층	四階(よんかい)	4층
五階(ごかい)	5층	六階(ろっかい)	6층
七階(ななかい)	7층	八階(はちかい、はっかい)	8층
九階(きゅうかい)	9층	十階(じゅっかい、じっかい)	10층
何階(なんかい)	몇 층		

12. 집을 셀 때

1軒(いっけん)	한 채	2軒(にけん)	두 채
3軒(さんげん)	세 채	4軒(よんけん)	네 채
5軒(ごけん)	다섯 채	6軒(ろっけん)	여섯 채
7軒(ななけん)	일곱 채	8軒(はっけん)	여덟 채
9軒(きゅうけん)	아홉 채	10軒(じゅっけん)	열 채
何軒(なんげん)	몇 채		

13. 작은 물건 등을 셀 때

1個(いっこ)	한 개	2個(にこ)	두 개
3個(さんこ)	세 개	4個(よんこ)	네 개
5個(ごこ)	다섯 개	6個(ろっこ)	여섯 개
7個(ななこ)	일곱 개	8個(はっこ)	여덟 개
9個(きゅうこ)	아홉 개	10個(じっこ)	열 개
何個(なんこ)	몇 개		

14. 나이를 셀 때

1歳(いっさい) 한 살 3歳(さんさい) 세 살 5歳(ごさい) 다섯 살 7歳(ななさい) 일곱 살 9歳(きゅうさい) 아홉 살 何歳(なんさい) 몇 살 お幾つ(いくつ) 몇 세	2歳(にさい) 두 살 4歳(よんさい) 세 살 6歳(ろくさい) 여섯 살 8歳(はっさい) 여덟 살 10歳(じっさい) 열 살 20歳(はたち) 스무 살

15. 종이, 손수건, 유리, 내의를 셀 때

一枚(いちまい) 한 장 三枚(さんまい) 세 장 五枚(ごまい) 다섯 장 七枚(しちまい·ななまい) 일곱 장 九枚(きゅうまい) 아홉 장 何枚(なんまい) 몇 장	二枚(にまい) 두 장 四枚(よんまい) 네 장 六枚(ろくまい) 여섯 장 八枚(はちまい) 여덟 장 十枚(じゅうまい) 열 장

16. 책과 공책을 셀 때

一冊(いっさつ) 한 권 三冊(さんさつ) 세 권 五冊(ごさつ) 다섯 권 七冊(しち·ななさつ) 일곱 권 九冊(きゅうさつ) 아홉 권 何冊(なんさつ) 몇 권	二冊(にさつ) 두 권 四冊(よんさつ) 네 권 六冊(ろくさつ) 여섯 권 八冊(はっさつ) 여덟 권 十冊(じっさつ) 열 권

17. 기계류를 셀 때(자동차·전차·텔레비전) 등

一台(いちだい) 한 대 三台(さんだい) 세대 五台(ごだい) 다섯 대 七台(しち·ななだい) 일곱 대 九台(きゅうだい) 아홉 대 何台(なんだい) 몇 대	二台(にだい) 두 대 四台(よんだい) 네 대 六台(ろくだい) 여섯 대 八台(はちだい) 여덟 대 十台(じゅうだい) 열대

18. 양말과 구두를 셀 때

一足(いっそく)　한 켤레	二足(にそく)　두 켤레
三足(さんぞく)　세 켤레	四足(よんそく) 네 켤레
五足(ごそく)　다섯 켤레	六足(ろくそく) 여섯 켤레
七足(ななそく)　일곱 켤레	八足(はっそく) 여덟 켤레
九足(きゅうそく) 아홉 켤레	十足(じっそく) 열 켤레
何足(なんぞく)　몇 켤레	

19. 음료수 등을 셀 때

一杯(いっぱい)　한 잔	二杯(にはい)　두 잔
三杯(さんばい)　세 잔	四杯(よんはい)　네 잔
五杯(ごはい)　다섯 잔	六杯(ろっぱい)　여섯 잔
七杯(ななはい)　일곱 잔	八杯(はっぱい)　여덟 잔
九杯(きゅうはい) 아홉 잔	十杯(じっぱい じゅっぱい) 열잔
何杯(なんばい)　몇 잔	

20. 가늘고 긴 것 - 연필, 우산, 넥타이, 병 등

一本(いっぽん)　한 자루	二本(にほん)　두 자루
三本(さんぼん)　세 자루	四本(よんほん)　네 자루
五本(ごほん)　다섯 자루	六本(ろっぽん)　여섯 자루
七本(ななほん)　일곱 자루	八本(はっぽん)　여덟 자루
九本(きゅうほん) 아홉 자루	十本(じっぽん、じゅっぽん) 열 자루
何本(なんぼん)　몇 자루	

■ 조사

조사의 종류

① **격조사** – 주어진 것을 표시한다. 주로 체언에 붙는다.

② **접속조사** – 앞말의 의미를 뒷말에 연결하는 접속사와 같은 작용을 한다. 주로 용언과 조동사에 붙는다.

③ **부조사** – 부사와 같은 작용을 한다. 체언과 용언에 붙는다.

④ **종조사** – 문의 맨 끝에 붙어서 의문 등의 의미를 첨가하는 작용을 한다.

1. が

1) 격조사로서「~が(~이, ~가)」주로 체언에 붙는다.

風が 吹く。(바람이 불다)

2) 접속조사로서「~が(~ ~이지만, ~인데)」주로 용언과 조동사의 종지형에 붙는다.

体は 小さいが、力は ある。(몸은 작지만, 힘은 있다)

2. の

1) 격조사로서「の(~의, ~것, ~가, ~이, ~인)」

(1) 東京大学(도쿄대학)

(2) 東京の大学(도쿄의 대학)

(1)은「도쿄대학」이라는 고유명사이고, (2)는「도쿄에 있는 대학」이라는 의미

(3) 花の咲く 木を 買う。(꽃이 피는 나무를 사다)

(4) この本は 誰の(のもの)ですか。(이 책은 누구의 것 입니까?)

2) 종조사「の(~니, ~요, ~이요)」

동사, 형용사, 형용동사와「う、よう、まい」를 제외한 조동사의 연체형에 연결된다.

もう 授業が 始まったの。(벌써 수업이 시작되었니?)　[의문]

3. を

격조사로「を(~을, ~를)」목적, 장소, 출발점 등을 나타낸다.

1) ご飯を 食べて いる。(밥을 먹고 있다)　[목적]

2) 長い 橋を 渡る。(긴 다리를 건너다)　[장소]

3) 毎朝 9時に 家を 出ます。　[출발점]

(매일 9시에 집을 나옵니다)

4. から

1) 격조사로서「から(~에서, ~부터)」기점, 재료 등을 나타낸다.

(1) 授業は 9時から 始まる。(수업은 9시부터 시작된다.)　[기점]

(2) お酒は 米から 作る。(술은 쌀로 만든다.)　[재료]

2) 접속조사로서의「から(~때문에, ~이므로)」원인과 이유를 나타낸다.

風が 強いから　船は 出られません。

(바람이 강하기 때문에 배는 나갈 수 없습니다)

※ 이유, 원인의 から와 ので의 차이

2개의 문장을 이어줄 때, 또는 문장이 뒤의 문장이 원인, 이유를 나타낼 때 「から」 또는 「ので」를 쓴다.

「ので」와 「から」는 거의 의미는 비슷하지만 약간의 차이가 있다.

① 「から」는 화자의 주관적인 느낌이 강할 때 쓰며, 따라서 뒤에 희망이나 명령표현(たい、ください、と 思(おも)う) 등이 오는 경우가 많다.

暑(あつ)いから 窓(まど)を 開(あ)けて 下(くだ)さい。(더우니까 창을 열어 주세요)

「ので」는 앞 문장의 표현이 화자만의 생각이 아니고, 객관적으로 그렇게 생각할 수 있는 경우에 사용한다. 강한 표현을 피하여 여자들이 많이 사용하며 회화체에서는 「んで」 형태가 되기도 한다.

雨(あめ)が 降(ふ)って いるので、旅行(りょこう)するのを 止(や)めました。

(비가 내리고 있어서 여행하는 것을 그만두었습니다)

試験(しけん)が 近(ちか)づいたので、みんな 勉強(べんきょう)して います。

(시험이 다가와서 모두 공부하고 있습니다)

② 어떤 일을 거절할 때라든가 변명이나 겸손을 나타낼 때, 그 이유로 「から」를 쓰면 자기의 일반적인 사정만 강조하는 꼴이 되어 실례가 되는 경우가 많으니 주의할 필요가 있다.

気分(きぶん)が 悪(わる)かったから 欠席(けっせき)しました。(△)

気分(きぶん)が 悪(わる)かったので 欠席(けっせき)しました。(○)

(몸이 안 좋아서 결석했습니다)

忙(いそが)しかったから うっかり 忘(わす)れて しまいました。(△)

忙(いそが)しかったので うっかり 忘(わす)れて しまいました。(○)

(바빠서 깜빡 잊어 버렸습니다)

5. に

격조사「に(에, 에게, 하러 등)」는 장소·시간·목적·변화의 결과·원인(이유)·첨가 등을 나타낸다.

1) 先生は　研究室に いらっしゃいます。　[장소]

(교수님은 연구실에 계십니다)

2) 会議は 3時に 終ります。　[시간]

(회의는 3시에 끝납니다)

다음과 같은 말에는 시간을 나타내는 조사「に」를 붙이지 않는다.

最近(최근에), 朝(아침에), 今晩(오늘밤에)

3) 友達は　みんな 家に 帰りました。　[귀착점]

(친구들은 모두 집에 돌아갔습니다)

4) 雪が 溶けて 水に なる。　[변화의 결과]

(눈이 녹아서 물이 되다)

우리말에서「~가 되다, ~로 되다」는 일본어에서는「~に なる」를 사용한다.

先生に なる(○) (선생님이 되다.)

先生が なる(×)

5) 本を 買いに 出掛けました。(책을 사러 외출했다)　[목적]

6) 先生に 聞いて みた。(선생님에게 여쭈어 보았다)　[동작의 대상]

7) 兄弟は 兄 一人に　　妹　二人です。　　　　　[첨가]

(형제는 형 한사람에 여동생 두 사람입니다)

※ 자세한 설명 및 예문

「に」의 용법은 많은데, 그 중에서 어떤 동작이 행하여지는 때나 경우를 나타내는 것이 있다.

9時に 家を 出ます。(9시에 집을 나섭니다)

夏休みに 海へ 行きます。(여름방학에 바다에 갑니다)

又「に」ⓐ 동작의 의미를 갖는 명사의 뒤에 접속

ⓑ 동사의 중지형에 접속하여 동작의 목적이 되는 경우, 뒤에「行く、来る、帰る」등과 같이 이동을 나타내는 동사가 온다.

ⓐ 私は　韓国に 勉強に　来ました。(저는 한국에 공부하러 왔습니다)

田中さんは　食事に　行きました。
(다나카씨는　식사하러　갔습니다)

田中さんは デパートに 買物に　行きました。

(다나카씨는　백화점에　쇼핑하러　갔습니다)

釣りに 行く(낚시하러 가다)

見物に 行く(구경하러 가다.)

遠足に 行く(소풍가다)

狩りに 行く(사냥하러 가다)

ⓑ 金(キム)さんは 映画(えいが)を 見(み)に 行(い)きました。

(김씨는 영화를 보러 갔습니다)

金(キム)さんは 洋服(ようふく)を 買(か)いに 行(い)きました。

(김씨는 옷을 사러 갔습니다)

金(キム)さんは 荷物(にもつ)を 取(と)りに 行(い)きました。

(김씨는 짐을 가지러 갔습니다)

たまには うちへも 遊(あそ)びに 来(き)て ください。

(가끔은 우리집에도 놀러 오세요)

6. へ

동작이 행해지는 방향이나 장소를 나타낼 때는 「へ」를 쓴다. 「に」를 쓸 때도 있으나, 「に」가 동작의 목적지를 확실히 하는데 비해, 「へ「는 그 경과를 나타낸다.

즉 격조사 」へ(~에, ~으로)「는 방향과 귀착점을 나타낸다.

1) 車(くるま)は 右(みぎ)へ 回(まわ)って います。 [방향]

(자동차는 오른쪽으로 돌고 있습니다)

2) 部屋(へや)の中(なか)へ 入(はい)った。 [귀착점]

(방 안으로 들어갔다)

3) 今日(きょう) ソウルへ 行(い)きます。

(오늘 서울로(에) 갑니다)

4) 友達(ともだち)が ソウルへ 来(き)ます。

(친구가 서울에 옵니다)

7. で

격조사「で(~에서, ~으로)」는 장소·수단·재료·원인·시간 따위를 나타낸다.

1) 동작이 행해지는 장소를 나타낸다 :「~에서」

今日は 家で 勉強しました。(오늘은 집에서 공부했습니다) [장소]

ソウル駅で 乗ります。(서울역에서 탑니다)

どこで 降りますか。(어디서 내립니까?)

私は 学校で 日本語を 習って います。

(나는 학교에서 일본어를 배우고 있습니다)

これは どこで 買いましたか。

(이것은 어디에서 샀습니까?)

2) 学校に バスで 来ました。(학교에 버스로 왔습니다) [수단]

3) 재료나 방법을 나타낸다 :「~(으)로」

鉛筆で 書いて ください。(연필로 써 주세요) [재료]

つくえは 木で 作ります。(책상은 나무로 만듭니다)

ビールは 麦で 作る。(맥주는 보리로 만든다)

4) 원인이나 이유를 나타낸다 :「~(으)로」

今日は 風邪で 学校を 休みました。 [원인]

(오늘은 감기로 학교를 쉬었습니다)

昨日は 病気で 学校を 休みました。

(어제는 병으로 학교를 쉬었습니다)

父は 戦争で 死んだ。

(아버지는 전쟁으로 죽었다)

5) 시간값·수량 등을 나타낸다 : 「~에」

この仕事は 一時間で 終る。(이 일은 1시간 내에 끝난다) [시간]

これは 千円で 買いました。(이것은 천 엔에 샀습니다) [값]

ひとつで いくらですか。(하나에 얼마입니까?) [수량]

8. と의 여러 가지

1) 열거

「~と~と」는 열거하는 것으로 전부라는 뜻을 지닌다.

春と夏と秋と冬 (봄과 여름과 가을과 겨울)

見ると 聞くとは 大違い。(보는 것과 듣는 것과는 무척 다르다.)

2) 격조사로서의 「と(~와, ~과, ~이라고)」

友達と 出掛けた。(친구와 외출했다) [공동자]

雪が 溶けて 水と なった。(눈이 녹아서 물이 되었다) [변화 결과]

本とノートを 下さい。(책과 공책을 주세요) [나열]

吉田先生と 違った 結論ですね。 [인용]

(요시다교수와 다른 결론이군요)

3) 접속조사로서 「と(~하면, ~하니)」

용언과 조동사의 종지형에 이어지면서 주로 가정 조건을 나타낸다.

風が 吹くと 木が 揺れる。 [가정]

(바람이 불면 나무가 흔들린다)

9. より

격조사「より(~보다, ~밖에)」는 비교의 기준과 부정의 말과 같이 사용되어 한정을 나타낸다. 또한 기점을 나타낸다.「より」는 체언과 활용어의 연체형에 붙는다.

1) 今年の夏は 去年より 暑い。 [비교의 기준]

(금년 여름은 작년보다 덥다)

2) 雨が 降るから 車で 行くより 方法が ない。 [한정]

(비가 오기에 자동차로 갈 수밖에 방법이 없다)

10. 여러 가지 용법의 か

1) 부조사로서의「か(~인가, ~인지)」

의문을 나타내는 말「だれ(누구), 何(무엇), なぜ(왜), どこ(어디), いつ(언제)」와 같이 사용되어 불확실한 의미를 나타낸다.

주로 체언과 용언의 종지형에 연결한다.

なぜか おいしく ない。(왠지 맛이 없다.) [불확실한 이유]

2) 종조사로서의「か(~인가)」

의문(질문)을 나타낸다. 체언과 조사「の」, 그리고 형용사, 조동사의 연체형과 형용동사의 어간에 연결한다.

日本へ 行った ことが ありますか。(일본에 간 적이 있습니까?)

11. 여러 가지 용법의 ~や, ~など

여러 가지를 열거할 때에 쓴다.「~や ~など」는 열거한 것 이외에도 예가 있다는 것을 나타낸다.

1) や : 격조사로서의「や(~랑)」사물을 열거할 때 사용한다.

魚や 野菜を 買った。(생선이랑 야채를 샀다)

종조사로서의 「や(~야, ~여, ~하세)」 감동과 권유 등을 나타내며 정중한 말씨에는 사용하지 않는다.

飛行機は 本当に 速いや。(비행기는 정말로 빠른데)　　　[감동]

早く 食べようや。(빨리 먹세)　　　[권유]

2) など : 부조사 「など(~등, ~따위)」 대강의 예시를 나타낸다.

私は 先輩から　本などを もらいました。

(나는 선배로부터 책 등을　받았습니다)

3) ~や ~など

本や ノートなどが あります。(책이랑 공책 등이 있습니다)

食堂や　　文房具屋などが あります。

(식당이랑　문방구점 등이　있습니다)

机の上には　鉛筆や　消ゴムが あります。

(책상 위에는 연필이랑 지우개가 있습니다)

12. でも(でも)

1) 접속조사로서 「でも(でも)(~하더라도, ~해도)」 가정의 조건을 나타낸다.

いくら 説明しても 分かりません。(아무리 설명해도 모르겠습니다)

2) 부조사로서 「~でも(~라도)」

유추의 의미와 대강의 예시를 나타낸다. 체언과 용언의 연용형에 접속한다.

こんな 問題は 子供でも　できる。　　　[유추]

(이런 문제는 아이들이라도 할 수 있다)

音楽でも 聞こうか。(음악이라도 들을까?)　　　[예시]

13. けれども(けれど、けど)

접속조사「けれども(~이지만)」역접의 확정조건과 대비를 나타낸다. 용언과 조동사의 종지형에 연결한다.

三木君(みきくん)は 頭(あたま)は いいけれども 努力(どりょく)しないから、いつも 成績(せいせき)が 悪(わる)い。

[확정조건]

(미키군은 머리는 좋지만 노력하지 않기 때문에 언제나 성적이 나쁘다)

この箱(はこ)は 軽(かる)いけれど、あの箱(はこ)は 重(おも)い。 [대비]

(이 상자는 가볍지만, 저 상자는 무겁다)

14. ~のに

접속조사「のに(~인데, ~함에도 불구하고)」는 역접의 확정조건을 나타낸다. 활용어 조동사(だろう、う、まい)제외의 연체형에 연결한다. 즉 어떤 사항으로부터 야기되는 것과 반대현상이 일어날 때 사용한다.

春(はる)なのに まだ 寒(さむ)い。(봄인데 아직 춥다)

呼(よ)んで いるのに 返事(へんじ)も しない。(부르고 있는데도 대답도 안한다)

熱(ねつ)も ないのに 頭痛(ずつう)が する。(열도 없는데도 두통이 난다)

英語(えいご)が 上手(じょうず)なのに 英語(えいご)で 話(はな)さない。

(영어가 능통한데도 영어로 말하지 않는다)

15. ~ので

접속조사「ので(~이므로, ~때문에)」는 객관적인 원인·이유를 나타낸다. 용언과 조동사의 연체형에 이어진다.

今日(きょう)は 風(かぜ)が 強(つよ)いので 窓(まど)を 閉(し)めました。

(오늘은 바람이 강해서 창문을 닫았습니다.)

16. ～し

접속조사「し(～하고)」병렬의 의미를 나타낸다. 활용어(동사·형용사·な형용사·조동사)의 종지형에 연결한다.

テレビも 見るし、ラジオも 聞く。

(텔레비전도 보고, 라디오도 듣는다)

17. ～て(で)

접속조사「て(で)(고, 서, 아, 여)」단순한 접속과 원인·이유 그리고 보조 용언에 이어진다. 활용어의 연용형에 이어진다.

冬が 過ぎて、春が 來た。 [단순한 접속]

(겨울이 지나고, 봄이 왔다)

お金が なくて、本が 買えない。 [원인·이유]

(돈이 없어서 책을 살 수 없다)

鳥が 空を 飛んで いる。 [보조용언에 접속]

(새가 하늘을 날고 있다)

18. ～ながら

접속조사「ながら(～하면서, ～인데도)」어떤 동작을 행할 때 그것과 동시에 다른 동작을 행할 때에 사용한다. 동사의 ます형에 연결한다. 역접조건으로「～함에도 불구하고」의 의미도 있다.

二人は 話しながら 歩いて いた。

(두 사람은 이야기하면서 걷고 있었다)

寂しいながらも 我慢している。 [역접]

(쓸쓸하지만 참고 있다)

19. ~たり(だり)

접속조사「たり(だり)~하기도 하고」주로 여러 가지 동작이나 상태 등을 나열할 때 사용한다. 주로「~たり~たりする」,「~たり~する」형으로 사용한다.

暇な 時は　ピアノを 引いたり して います。

(한가할 때는 피아노를 치거나　하고 있습니다)

20. ~なり

1) 접속조사로서의「なり」

동사와 조동사의 종지형에 붙어서「~하자마자」의 의미를 나타내고 과거의 조동사「た」에 붙어서「~한 채로」의 의미를 나타낸다.

赤ちゃんは　母の顔を　見るなり　泣き出した。

(아기는　엄마 얼굴을 보자마자 울기 시작했다)

2) 부조사로서의「なり」

「~든, ~이든」의 의미로 선택적인 병렬을 나타낸다. 또한 부조사「でも(~라도)」와 같은 의미로 예시를 나타낸다.

飯なり うどんなり 早く 作って 下さい。　[병렬]

(밥이든 우동이든　빨리 만들어 주세요)

先輩になり　相談したら どうか。　[예시]

(선배에게라도　상담하면　어떨까?)

21. ~は

부조사「は(은, 는)」는 ワ(wa)로 발음하며, 다른 것과 구별해서 어느 하나를 끄집어 내어서 말할 때 사용한다.

今日は そんなに 暑くは ない。(오늘은 그다지 덥지는 않다)

22. ～も

부조사「も(～도, ～이나)」 유추·병렬·강조의 의미를 나타낸다.

今年(ことし)も また 寒(さむ)いでしょう。(올해도 또 춥겠지요)

23. ～こそ

부조사「こそ(～이야말로)」 앞의 말을 강조하는 데 사용한다. 체언과 활용어의 연체형에 연결한다.

今度(こんど)こそ 成功(せいこう)するよ。(이번이야말로 성공하겠다)

또한 부조사「こそ」는 동사의 가정형과 같이 사용해서「～하기 때문에」의 의미를 나타낸다.

二人(ふたり)は 愛(あい)すればこそ 結婚(けっこん)した。(두 사람은 사랑하기 때문에 결혼했다)

24. ～しか ～ありません(～ないです)

부조사「しか(～밖에)」 부정의 말과 같이 사용해서 한정의 의미를 나타낸다. 주로 체언에 접속하거나, 동사에 연체형, 형용사와 な형용사는 연용형에 접속한다.

「しか」는 그것 뿐이고 그 외에는 없다는 의미인데, 뒤에 꼭 부정과 연결이 된다. 사람인 경우는「～しか いません」, 사물인 경우에는「～しか ありません」으로 표현한다.

お金(かね)は 100円(ひゃくえん)しか ない。(돈은 100엔 밖에 없다)

椅子(いす)は 三(みっ)つしか ありません。(걸상은 세 개 밖에 없습니다)

テーブルは 一(ひと)つしか ありません。(테이블은 한 개 밖에 없습니다)

コップは 二(ふた)つしか ありません。(컵은 두 개 밖에 없습니다)

25. ~さえ

부조사「さえ(~조차, ~까지도, ~마저)」유추시키는 의미와「さえ~ば」의 형으로 한정을 나타낸다. 또한 첨가(더구나 ~까지도)의 의미를 나타낸다. 체언과 활용어의 연용형에 연결한다.

たばこさえ 吸(す)う 暇(ひま)が なかった。 [유추]

(담배조차 필 틈이 없었다)

場所(ばしょ)は 寒(さむ)くさえ なければ どこでも いいです。 [한정]

(장소는 춥지만 않으면 어디라도 좋습니다)

あの人(ひと)は 性格(せいかく)が 明(あか)るいばかりでなく 重(おも)みさえ 感(かん)じられる。 [첨가]

(저 사람은 성격이 밝을 뿐만 아니라 중후함까지 느껴진다)

26. ~まで

부조사「まで(~까지, ~뿐)」시간이나 장소, 그리고 어떤 일이 끝나는 점과 한정, 유추, 첨가 등의 의미를 나타낸다.

その仕事(しごと)は どこまで 進(すす)んで いますか。 [일의 끝나는 점]

(그 일은 어디까지 진행되고 있습니까?)

雪(ゆき)も 降(ふ)って いるのに 風(かぜ)まで 吹(ふ)き出(だ)した。 [첨가]

(눈도 내리고 있는데 바람까지 불기 시작했다)

※ まで와 までに의 차이

「まで」는 장소나 때를 나타내는 말에 연결되어, 어떤 행동이나 작용의 범위의 끝인 것을 표현한다. 「までに」는 그때까지 어떤 행동이나 작용을 해야 한다는 기간을 정해줄 때 사용한다. 우리 말에서는 구별이 없으므로 두 경우가 다 「まで」로 생각하기 쉬우나 기간이 정해져 있을 때는 「までに」 를 사용해야 한다.

1) まで

雨は 明日まで 降り続くでしょう。

(비는 내일까지 계속 내리겠지요)

9時から 5時まで 勤務して います。

(9시부터 5시까지 근무하고 있습니다)

ここまで 歩いて 来ました。

(여기까지 걸어 왔습니다)

2) までに

9時までに ここに 来て ください。

(9시까지 여기 와 주세요)

レポートは 土曜日までに 出して ください。

(레포트는 토요일까지 내세요)

12時までには 10分しか ありません。

(12시까지는 10분밖에 없습니다)

27. ～ばかり

부조사 「ばかり(～정도, ～쯤, ～뿐)」 수량을 나타내는 말에 연결되어 대강의 분량(정도)의 의미와 「그것만, 그것뿐」으로 한정의 의미를 나타낸다. 체언과 용언(동사·형용사·な형용사)의 연체형에 연결한다.

연결된 후 문장이 자연스러운 정도(○, △, ×)

1) ばかり

「ばかり」는 여러 가지 용법으로 쓰인다. 그 중에 중요한 것은 다음과 같다.

① 수량을 나타내는 말에 붙어서 대강의 분량 정도

② 그뿐이라는 의미

명사 뒤에 오는 것이 보통, 동사의 「て형」의 뒤 연결

10万ウオンばかり 貸して 下さい。

(10만 원 쯤 빌려 주세요)

コップの中に 水が 半分ばかり 入って います。

(컵 속에 물이 반쯤 들어 있습니다)

田中さんは 毎日 テレビばかり 見て います。

(다나카씨는 매일 텔레비전만 보고 있습니다)

田中さんは 小説ばかり 読んで います。

(다나카씨는 소설책만 읽고 있습니다)

何も 言わないで 泣いてばかり いる。

(아무 말도 안하고 울기만 한다)

座ってばかり いないで、たまには 運動して ください。

(앉아만 있지 말고 가끔은 운동하세요)

2) 동사의 た + ばかり

「ばかり」의 용법은 여러 가지가 있는데 동사의 과거형 다음에 오면 무엇인가를 하고 나서 시간이 얼마 경과하지 않은 상태를 나타낸다.

まだ 日本へ 来たばかりで 日本語が よく 分かりません。

(아직 일본에 온 지 얼마 안 돼 일본어를 잘 모릅니다)

この本は 昨日 買ったばかりで まだ 読んで いません。

(이 책은 어제 샀기 때문에 아직 못 읽었습니다)

その話は　さっき 聞いたばかりです。(그 이야기는 아까 막 들었습니다)

今 起きたばかりです。(지금 막 일어났습니다.)

(3) 동사의 て+ばかり いる

休みの日に 寝てばかり いる。(휴일에 쉬기만 한다)

この子は　いつも 泣いてばかり います。

(이 아이는 항상　울기만 합니다)

28. ~だけ

부조사 「だけ(~만, ~뿐, ~만큼)」 정도와 한정을 나타낸다.
주로 체언과 활용어의 연체형에 연결한다.

1) 「그 외에는 없다」는 표현으로 쓰인다. 우리말의 「뿐, 만」에 해당한다.

日本人は 私だけです。

(일본인은 나 뿐입니다)

私の兄弟だけです。

(우리 형제는 형뿐입니다)

英語の本は これだけです。

(영어 책은 이것뿐입니다)

2) 「동사+だけです」를 종속절로 쓰는 경우에는 이와 같이 「동사+だけで」를 써서 문장을 연결한다.

山田さんから 聞いただけで　はっきりとは 言えません。

(야마다씨한테 들었을 뿐이어서　확실히　말할 수는 없습니다)

29. ～ほど

부조사「ほど(～정도, ～쯤, ～만큼)」수량을 나타내는 말과 같이 사용되어 대강의 분량과 정도를 나타낸다. 또한「ほど」는 정도에 비례하는 의미(～할수록)와 정도를 비교하는 기준을 나타낸다.

課長から　一時間ほど　前に 電話が ありました。　[정도]

(과장으로부터 한 시간쯤　전에　전화가 왔었습니다)

稲は 実れば 実るほど 頭が　下がります。　[정도의 비례]

(벼는 익으면 익을수록 머리가 숙여집니다.)

30. ～くらい(ぐらい)

부조사「くらい(ぐらい) ～정도, ～만큼, ～쯤)」수량을 나타내는 말과 같이 사용되어서 대강의 분량과 정도를 나타낸다. 또한「くらい(ぐらい)」는 최저의 한도를 나타내고 이 경우는「ほど」와 바꾸어 쓸 수 없다.

今日ぐらい 寒い 日は なかった。　[정도]

(오늘만큼　추운 날은　없었다)

せめて 手紙を 書くくらいの時間は あるだろう。　[최저의 한도]

(적어도 편지를 쓸　정도의 시간은　있겠지)

31. ～きり(ぎり)

부조사「きり(ぎり)(～뿐, ～만, ～밖에)」문장어에서는 사용하지 않고,「그것뿐」이라는 한정을 나타낸다.

友達は 二人きりです。(친구는 두 명뿐입니다.)

大阪には　まだ　一度きり　行った ことが ない。

(오사카에는 아직 한 번밖에　간　적이　없다)

32. ～やら

부조사 「やら(～인지, ～는지)」 의문을 나타내는 말 「だれ(누구), 何(무엇), どなた(누구)」에 붙어서 불확실함을 나타낸다.

또한 병렬의 의미를 나타낸다. 주로 체언과 용언의 종지형에 연결되나 형용동사의 경우는 어간에 연결한다.

日本に 行くのやら 行かないのやら はっきり しない。 [병렬]

(일본에 갈 것인지 안갈 것인지 확실하지 않다)

33. ～とか ～とか

부조사 「とか(～라든지, ～라든가)」 주로 병렬을 나타낸다.

체언과 활용어의 종지형에 연결한다.

어떤 사물이나 동작에 대하여 2～3개 정도 예를 들어서 말할 때에 쓴다.

私は 音楽とか 美術とかの科目は 好きでは ありません。

(나는 음악이나 미술같은 과목은 좋아하지 않습니다)

英語とか フランス語とか、それから ドイツ語も できます。

(영어나 불어나, 그리고 독일어도 가능합니다)

私は 映画とか テレビは あまり 見ません。

(나는 영화나 텔레비전은 별로 안 봅니다)

34. ～だって

부조사 「だって(～도, ～든, ～도 역시)」 유추시키는 의미를 나타낸다. 체언과 부사 그리고 조사에 연결한다.

そんな 問題は 子供にだって できる。

(그런 문제는 어린아이라도 할 수 있다)

35. ~のみ

부조사「のみ(~뿐, ~만)」한정을 나타내며 문장어에서만 사용한다.

日本語が できる　学生のみ 参加できます。

(일본어를 할 수 있는 학생만 참가할 수 있습니다)

36. ~な(なあ)

종조사「な」금지·명령·감동·가벼운 단정을 나타낸다.

漫画を 読むな。(만화를 읽지 말아라.)　[금지]

37. ~ぞ

종조사「ぞ(~인데, ~데다)」주로 남성이 사용하는 것으로 자신의 기분을 강하게 말할 때 사용한다.

私も やるぞ。(나도 할 테다)

38. ~よ

종조사「よ(~여, ~요)」가벼운 주장과 의뢰, 그리고 부름을 나타낸다. 용언과 조사의 종지형, 명령형, 조사 등에 이어진다.

早く 返してよ。(빨리 돌려줘요)

39. ~とも

종조사「とも(~고 말고)」의심이나 반대의 여지가 전혀 없다고 하는 의미이다. 활용형의 종지형에 연결한다.

ありますとも。(있고 말고요)

40. ～さ

종조사「さ(～지, ～말아야)」주로 남성이 사용하며 가벼운 주장과 질문의 의미를 나타낸다. 체언과 동사의 종지형, 그리고 활용동사의 어간에 접속한다.

いったい 何(なに)を したのさ。(도대체 무엇을 했는가 말이야)

41. ～ね

종조사「ね(～이군요, ～이지요)」감동과 다짐의 의미를 나타낸다. 활용형의 종지형에 연결한다.

すばらしい 考(かんが)えですね。(훌륭한 생각이군요)　　[감동]

42. ～わ

종조사「わ(～군, ～요)」주로 여성들이 사용하며 가벼운 주장과 감동을 나타낸다. 용언과「う、よう、まい」를 제외한 조동사의 종지형에 연결한다.

私(わたし)も 行(い)くわ。(나도 갈래요)　　[주장]

43. ～として

격조사「として(～으로서)」체언에 접속하며, 입장, 자격을 나타낸다.

外国語(がいこくご)として 日本語(にほんご)を 習(なら)います。　　[입장]

(외국어로서　일본어를 배웁니다)

44. ところ

접속조사「ところ(～하였더니)」조동사「た」에 연결하여 일이 되어가는 형편을 발전시키는 동기를 나타낸다.

彼(かれ)に　話(はな)した ところ(が) 喜(よろこ)んで 引(ひ)き受(う)けた。

(그에게 이야기했더니만,　흔쾌히 받아주었다)

45. ものの

접속조사「ものの(~이지만)」활용어 연체형에 접속, 확정의 역접

学校(がっこう)は 出(で)たものの、 勤(つと)め先(さき)が ない。

(학교는 나왔지만, 근무처가 없다)

46. だの

부조사「だの(~하느니, ~든가, ~이랑)」체언 및 활용어 종지형에 연결되는데 대표적인 예를 들어 그러한 경향에 있음을 나타낸다.

金(きん)だの 銀(ぎん)だの こしらえた。

(금이나 은으로 치장하다)

47. かしら

종조사「かしら(~인지 모르겠다)」체언, 활용어 종지형, 형용사 어간에 연결한다. 가벼운 의문을 나타낸다.

日本語(にほんご)なら できるかしら。

(일본어라면 할 수 있을까?)

48. ぜ

종조사「ぜ(~하자, ~더군, ~하네)」글 말미에 용언, 조동사의 종지형에 연결한다. 가벼운 지시, 주의환기, 다짐을 나타낸다.

早(はや)く 帰(かえ)ろうぜ。(어서 돌아가자)

道(みち)は たいへん 込(こ)んで いるぜ。(길은 상당히 붐비고 있더군)

明日(あした)、取(と)りに 来(く)るぜ。(내일 가질러 올걸세)

49. ~やすい, ~にくい

「동사의 연체형+やすい」는 「~(하)기 쉽다」, 「동사의 연체형+にくい」는 「~하기 어렵다」

読(よ)みやすい(읽기 쉽다) ↔ 読(よ)みにくい(읽기 어렵다)

使(つか)いやすい(쓰기 쉽다) ↔ 使(つか)いにくい(쓰기 어렵다)

分(わ)かりやすい(알기 쉽다) ↔ 分(わ)かりにくい(알기 어렵다)

50. 관용적으로 사용되는 조사

일본어 조사 용법과 한국어 조사 용법은 거의 비슷하지만, 약간의 다른 점도 있다. 예를 들면 「를→を」의 법칙을 벗어나는 경우가 있다.

タクシーに 乗(の)る。(택시를 타다)

兄(あに)に ついて 行く。(형을 따라가다)

旅行(りょこう)に 行(い)く。(여행을 가다)

이동과 관계있는 동사에 「를→に」로 해야 하고, 다음과 같이 대면 동작동사에도 차이가 있다.

友達(ともだち)に 会(あ)う。(친구를 만나다)　自分(じぶん)に 勝(か)つ。(자기를 이긴다)

東(ひがし)に 向(む)かう。(동쪽을 향하다)　先生(せんせい)に 憧(あこが)れる。(교수님을 동경하다)

法(ほう)に 背(そむ)く。(법을 어기다)　李(り)さんに 代(かわ)る。(이 선생을 대신하다)

■ 접속사

1. 순접

앞의 사항이 원인, 이유가 되어 당연한 결과가 된다.

それで(그래서)　　ですから(그러므로)　　したがって(따라서)

2. 역접

앞의 사항과 뒤에 오는 사항이 서로 어긋난다.

しかし(그러나)　　ですが、だが(하지만)　　でも(그래도, 그러나)
けれども、だけど(그렇지만)

3. 첨가

앞의 사항에 뒤의 사항이 덧붙여진다.

それから(그리고)　　それに(더구나)　　そのうえに(더구나)　　さらに(더욱이)

4. 병립

앞의 사항과 뒤의 사항이 같이 나타난다.

また(또)　　そして(그리고)　　および(및)

5. 설명

앞의 사항을 뒤에서 다시 한번 설명한다.

なぜなら(왜냐하면)　　つまり(즉, 결국)　　ただし(단, 다만)
たとえば(예를 들면)　　すなわち(즉)

6. 선택

앞의 사항과 뒤의 사항 중에서 하나를 선택한다.

それとも(그렇지 않으면)　　またはは(또는)　　もしくは(혹은)
あるいは(혹은)

7. 화제전환

앞의 사항과는 다른 화제로 바꾼다.

ところで、ところが(그런데)　　さて(그런데)
では、それでは(그럼, 그러면)

■ 주요국명, 언어 등의 호칭

국명	表記	言語	國民	頭文字	首都
대한민국	大韓民国(だいかんみんこく)	韓国語(かんこくご)	韓国人(かんこくじん)	韓	ソウル
일본	日本(にほん) 日本(にっぽん)	日本語(にほんご)	日本人(にほんじん)	日	東京(とうきょう)
미국	アメリカ	英語(えいご)	アメリカ人(じん)	米	ワシントン
영국	イギリス	英語(えいご)	イギリス人(じん)	英	ロンドン
호주	オーストラリア	英語(えいご)	オーストラリア人(じん)	濠	キャンバラ
필리핀	フィリピン	英語(えいご)	フィリピン人(じん)	比	マニラ
중국	中国(ちゅうごく)	中国語(ちゅうごくご)	中国人(ちゅうごくじん)	中	北京(ぺきん)
대만	台湾(たいわん)	中国語(ちゅうごくご)	台湾人(たいわんじん)	台	台北(たいぺい)
프랑스	フランス	フランス語(ご)	フランス人(じん)	佛	パリ
독일	ドイツ	ドイツ語(ご)	ドイツ人(じん)	獨	ベルリン
이탈리아	イタリア	イタリア語(ご)	イタリア人(じん)	伊	ローマ
스페인	スペイン	スペイン語(ご)	スペイン人(じん)	西	マドリード
네덜란드	オランダ	オランダ語(ご)	オランダ人(じん)	和	アムステルダム
포르트갈	ポルトガル	ポルトガル語(ご)	ポルトガル人(じん)	葡	リスボン
인도네시아	インドネシア	インドネシア語(ご)	インドネシア人(じん)	印泥	ジャカルタ
태국	タイ(ランド)	タイ語(ご)	タイ人(じん)	泰	バンコク
러시아	ロシア	ロシア語(ご)	ロシア人(じん)	ロ	モスクワ

■꼭 알아두어야 할 カタカナ

영　어	의　미	カタカナ
advice	충고, 조언	アドバイス
appeal	여론 등에 호소	アピール
after service	애프터서비스	アフター サービス
image	심상, 인상, 영상	イメージ
dollar	달러, 미국의 통화단위	ドル
office lady	여사원	オーエル
order	주문, 명령	オーダー
catalog	카탈로그	カタログ
空+orchestra	가라오케	カラオケ
catch phrase	선전문구	キャッチ フレーズ
cancel	취소, 해약	キャンセル
claim	클레임	クレーム
cost down	생산원가를 내리는 것	コスト ダウン
golf	골프	ゴルフ
concert	콘서트	コンサート
salaried man	월급쟁이, 샐러리맨	サラリー マン
strike	동맹파업, 스트라이크	スト
salesman	세일즈 맨	セールス マン
discount	할인, 디스카운트	ディスカウント
data	자료, 정보, 데이터	データ
soft ware	소프트웨어	ソフト ウェア
hard ware	하드웨어	ハード ウェア
high technology	고도의 첨단기술	ハイテク(ノロジー)
pamphlet	팸플릿	パンフ(レット)
business	비즈니스	ビジネス
FAX	팩스	ファックス
plan	계획, 플랜	プラン
project	프로젝트	プロジェクト
my home	내 집	マイ ホーム

■ 명사

1. 친족 명사

일본어에서 본인의 가족 표현과 타인의 가족 표현이 서로 다르다. 즉 본인 가족을 타인에게 이야기할 때에는, 부모라 할지라도 예삿말로 타인의 가족을 표현할 때는 어린이라도 높여 표현한다.

① 한국어는 동기간 중 남자의 경우 형제, 여자와 남자는 남매(男妹)라고 구별하고 있으나 일본에서는 통틀어 형제(兄弟)한다.

② 일본어에서는 형, 오빠의 구별 없이 「兄」라고 말하고, 누나 언니 구별 없이 「姉」라고 부른다.

③ 「아버지, 어머니의 형제」 관계의 호칭은 일본어에서는 남성, 여성에 따라 「おじ」, 「おば」라는 2가지로 나눌 뿐이다. 우리나라처럼 부계나 모계, 연령의 상하에 따라 복잡하지 않다. 그리고 타인의 아저씨도 「おじさん」, 아주머니는 「おばさん」이라고 하면 된다.

구 분	본인	상대방
부모	親	親御さん
양친	両親	ご両親
아버지	父	お父さん
어머니	母	お母さん
남편	主人	ご主人
아내	家内、 妻	奥さん
아이	子供	お子さん
아들	息子	息子さん、 坊っちゃん

딸	娘(むすめ)	娘(むすめ)さん、 坊(ぼ)っちゃん
(외)할아버지	祖父(そふ)	お爺(じい)さん
(외)할머니	祖母(そぼ)	お祖母(ばあ)さん
형제, 남매, 자매	兄弟(きょうだい)	ご兄弟(きょうだい)
형, 오빠	兄(あに)	お兄(にい)さん
누나, 언니	姉(あね)	お姉(ねえ)さん
남동생	弟(おとうと)	弟(おとうと)さん
여동생	妹(いもうと)	妹(いもうと)さん
백부, 숙부 등	叔父(おじ)、 伯父(おじ)	叔父(おじ)さん、 伯父(おじ)さん
이모, 고모 등	叔母(おば)、 伯母(おば)	叔母(おば)さん、 伯母(おば)さん

2. 인칭대명사

대명사 중에서 사람을 가리키는 것을 인칭대명사라고 한다.

1인칭	2인칭	3인칭			
		근칭	중칭	원칭	부정칭
私(わたくし) 私(わたし)	あなた 君(きみ)	この人(ひと) この方(かた)	その人(ひと) その方(かた)	あの人(ひと) あの方(かた) 彼(かれ) 彼女(かのじょ)	どの人(ひと) どの方(かた) 誰(だれ) どなた

3. 형식명사

1)「こと」

한국어로 "일", "것", "자(者)" 기타 여러 가지 의미로 사용되며 혼동하기 쉬운 말이「もの」,「こと」,「の」이다.

다음과 같은 경우에는「こと」를 쓴다.

(1) 감정을 나타내는 말로 시작되거나 끝나는 문장

嬉(うれ)しいことに、宝(たから)くじに 二度(にど)とも 続(つづ)けて 当(あ)たった。

(기쁘게도 복권에 두 번이나 계속해서 당첨되었다)

(2) 추리한 결과를 이야기할 때「と いうこと」사용

A=B, B=Cだ。 ということは A=Cだ。

(A=B, B=C이다. 그러므로 A=C이다)

(3) "(하기)로 하다"라는 의미에서는「することに する」사용

田舎(いなか)で 暮(くら)すことに した。(시골에서 살기로 했다)

(4) "(하)게 되다"라는 의미에서는「(する)ことに なる」사용

来週(らいしゅう)、 日本(にほん)へ 出張(しゅっちょう)することに なった。

(다음 주에 일본으로 출장가게 되었다.)

(5) "(할) 필요가 없다"라는 의미에서「(する)ことは ない」사용

零点(れいてん) 取(と)ったぐらいで、泣(な)くことは ないよ。

(빵점 맞은 것 가지고 울 필요는 없어)

(6)「~が□は~」의 문장에서는 □에「の」가 오면 사실 그대로 나타내며,「こと」가 오면 어떠한 평가나 감정을 나타내는 경우

汽車(きしゃ)が ここを 通(とお)るのは 10時(じゅうじ) 16 分(じゅうろっぷん)です。

(기차가 여기를 통과하는 것은 10시 16분입니다)

汽車(きしゃ)が ここを 通(とお)ることは　住民(じゅうみん)の立場(たちば)から すれば、

決(けっ)して 良(よ)いとは 言(い)えない。

(기차가 여기를 통과하는 것은 주민의 입장에서 본다면

결코 좋다고 할 수 없다)

(7) 「~なら」에서 조건이 될 경우에는 「の」、그 자체에 대해
이야기할 때는 「こと」 사용

そんな うまい　話(はなし)が あるのなら、僕(ぼく)も 一度(いちど) やって みたいよ。

(그런　재미보는 이야기가 있는 거면　나도 한번 해보고 싶어요)

お金(かね)を もうけることなら、やっぱり 山田(やまだ)さんに かなう 者(もの)は ないね。

(돈을　버는 일이라면　역시　야마다씨를　당할　자는 없군요)

(8) 기타 こと의 용법

① ~ことが ある : ~한 경험이 있다.

② 「명사+の+ことでしょう」(명사란 말씀이죠)

A : 鈴木(すずき)さんを 御存知(ごぞんじ)なんですって。

(스즈키씨를 아신다면서요?)

B : ええ、東京(とうきょう)大学の　鈴木(すずき)さんのことでしょう。

(네,　도쿄대학교의 스즈키씨 말씀이죠?)

③ ~とのことです

「~ということです」와 같은 것으로서 「と」의 앞에 오는 내용을 나타낸다.

最近(さいきん)、健康(けんこう)のために　たばこを 吸(す)う 人が　減(へ)ったとのことです。

(요즘　건강을 위해서　담배를　피는 사람이 줄었답니다)

④ ~ことに なる

「ことに なる」가 동사의 기본형 다음에 오면, 어떤 동작을 하게 된 상태를 의미한다. 즉 결정한 사항(~하게 된다)이라는 의미

今日 1時から 会議を やることに なって います。

(오늘 1시부터 회의를 하게 되어 있습니다)

甥を 連れて 行くことに なって いるんですよ。

(조카를 데리고 가기로 되어 있습니다)

⑤「동사의 기본형 + ことに なって いる」

두 사람 이상이 취해야 할 결정에 바탕을 둔 예정행동에 사용

今日 李さんと 会うことに なって いたんですが、

用事が あって 行けないと 伝えて 下さい。

(오늘 이선생과 만나기로 했는데

볼일이 있어서 갈 수 없다고 전해 주세요)

⑥ ~ごとに

다른 말의 뒤에 와서「어떤 ~도 각각(모두)」라는 의미로 사용

会う 人ごとに 「おはよう ございます」と 挨拶を します。

(만나는 사람마다「안녕하세요」 라고 인사를 합니다)

僕は 日曜日ごとに 釣りに 行きます。

(저는 일요일마다 낚시하러 갑니다)

⑦ 동사의 기본형+ことに する

「こと」는 「일」이나 「사항」 등을 나타내는 것에, 「~に する」는 어떤 것을 선택할 때에 사용한다. 그러므로 「ことに する」라는 형태로 「~기로 하다」라는 의미이다. 특히 동사로 기본형 다음에 오면 「하기로 정하다」라는 의미

もう たばこは 吸わないことに した。

(이제 담배는 안 피우기로 했어요)

この仕事が 終ったら、 一週間 休暇を とることに しました。

(이 일이 끝나면 1주일 휴가를 잡기로 했습니다)

⑧ 동사의 기본형 + ことに した

자기 자신의 의지로 결정을 내릴 때 쓴다.

あの辞書を 買うことに しました。(그 사전을 사기로 했습니다)

来月、 引っ越しすることに しました。

(다음 달에 이사하기로 했습니다)

이것을 「동사의 기본형+ことに している」는, 자기 자신이 결정한 일을 자율적으로 스스로 따라가는 의지를 나타낸다.

家内と 一緒に 過ごすことに して います。

(아내와 함께 보내기로 합니다)

私は 毎日 歩いて 学校まで 行くことに して います。

(저는 매일 걸어서 학교까지 걸어가고 있습니다)

2) 「つもり」

「동사의 기본형+つもりです」는 「~할 생각입니다」, 「~할 작정입니다」라는 의미이며, 주체의 적극적인 의지를 나타낸다. 따라서 의지가 없는 사물은 사용할 수 없다.

汽車は 10時に 出発する つもりです。(×)

(기차는 10시에 출발할 　예정입니다) : 불가

「~つもりです」는 반드시 주체의 미래를 지향하는 강한 의지를 나타낸다.

1級を 終えて、2級へ 　進む つもりです。

(1급을 마치고 2급으로 올라갈 작정입니다)

「つもり」가 동사의 기본형 다음에 쓰이면, 앞으로 일에 대해 마음속으로 계획하고 있는 경우에 사용하며, 동사의 과거형 다음에 사용하면 실제와는 관계없이 그런 기분이 될 때에 쓰는 용법이다.

今日は いい 天気なので 今から 出掛ける つもりです。

(오늘은 좋은 날씨여서, 지금부터 외출할 　예정입니다)

3) 「予定」

무엇을 결정하기까지는 본인 의사지만, 한 번 예정이 결정되면 그것에 따를 수 밖에 없다는 타율적인 기분을 포함한다.

大学院に 行く 予定です。(대학원에 갈 예정입니다)

라고 하면 본인의 의사도 들어 있으나 타인의 의견도 들어 있어 본인만의 강한 의지라고 할 수 없다. 그러므로 회사 명령으로 출장을 가거나 할 때는 자기의 의사가 아니라 의무이기 때문에

出張に 行く 予定です。(출장차 갈 예정입니다)

라고 하며 「予定です」는 당연히 무의지의 사물에 사용하므로

汽車は 10時に 出発する 予定です。(기차는 10시에 출발할 예정입니다)

라고 표현할 수 있다.

4) 「もの」

① 물건을 나타내는 명사

この部屋には いろいろな 物が あります。

(이 방에는 여러 가지 물건이 있습니다)

人の 物を 盗んでは いけません。(타인의 물건을 훔쳐서는 안 됩니다)

② 실질명사를 대신하는 형식명사

親切という ものは 人の 心を 明るく します。

(친절이라는 것은 사람의 마음을 밝게 합니다)

欲望という もの。(욕망이라는 것)

③ 「ものだ」의 형태 : 말하는 사람의 의도

「ものだ(です)」의 형태로서 말하는 사람의 의도하는 감정표현이 강하게 나타난다.

ㄱ. 어떤 것을 당연한 것이라 강조할 때

親の いうことは 聞く ものだ。

(부모님이 말씀하시는 것은 들어야 하는 법이다)

人には 親切に する ものだ。

(타인에게는 친절하게 해야 합니다)

ㄴ. 이유 사정 등을 강조해서 설명

すべて うまく いった ものですから、嬉(うれ)しかったです。

(모든 게 잘 됐기 때문에 기뻤습니다)

お金(かね)を 使(つか)って しまった ものだから、困(こま)って います。

(돈을 써 버렸기 때문에 곤란합니다)

ㄷ. 감탄

さすがに 新幹線(しんかんせん)は 速(はや)い ものですね。

(과연 신간선은 빠르군요)

母校(ぼこう)というのは いつ 来(き)ても なつかしい ものですね。

(모교란 언제 와도 그리운 것이군요)

ㄹ. 과거 회상

昔(むかし)は この辺(へん)を よく 歩(ある)いた ものです。

(예전에는 이 부근을 자주 걸었었습니다)

5)「はず」

「はずだ」는 어떤 사실의 실현을 당연한 일로 예측 또는 기대하거나 확신할 때 사용한다. 어떤 근거를 가지고 말하는 경우와 사실로서 예정되어 있는 일을 나타낼 때도 사용한다.

2時發(にじはつ)の飛行機(ひこうき)ですから もう すぐ 着(つ)く はずです。

(2시 출발 비행기니까 이제 곧 도착할 것입니다)

말하는 사람의 추측을 나타내는 「~と 思(おも)います」(~일 것입니다)에 비해 「~はずです」는 추측의 근거가 확실하고 기정사실로서 예정되어 있는 경우에 사용한다.

막연한 추측

汽車は 10時に　着くと　　思います。

(기차는 10시에 도착할 것으로 생각합니다)

말하는 사람이 사전에 시간표를 보고 확인해 두었거나 잘 아는 경우

汽車は 10時に　着く　はずです。(기차는 10시에　도착합니다)

그러나 이와 같은 「はずです」를 의지 표현으로

私が 行く はずです。(×)　(제가　갈　겁니다)

처럼 쓸 수는 없다. 「はずです」는 반드시 말하는 사람의 추측을 나타내는 것이기 때문이다. 또한 「はずです」는 말하는 사람이 어떤 근거에 입각하여 기대, 확인, 걱정할 때도 사용한다.

そちらに 行っては 駄目な はずですが。(그리로 가서는 안 될 텐데요.)

私宛の　　手紙が 来て いる はずですが。

(내 앞으로 편지가　와　있을 텐데요)

山田さんは 今日 事務所に いる はずですが。

(야마다씨는 오늘 사무실에　있을 텐데요)

※「はず」앞에 접속하는 명사, い형용사, な형용사, 동사의 형식은 다음과 같다.

명　　사 : 明日は 休みのはずです。(내일은 휴일일 텐데요)

い형용사 : あの店は 安い はずです。(저 가게는 쌀 텐데요)

な형용사 : この問題は 簡単な はずです。(이 문제는 간단할 텐데요)

동　　사 : もう すぐ 來る はずです。(이제 곧 올 텐데요)

명사, な형용사는 각각 연체조사 「の」, 「な」를 사이에 넣어야 한다.

6)「訳」

「わけ」는 본래 이유를 나타내는 명사이다. 그러나 문장 끝에 「わけだ(です)」 형태로 사용할 때는 말하는 사람이 문장에 의미를 부여하는 것이다.

따라서 「わけだ(です)」가 쓰인 문장은, 문맥에 따라 이유의 설명이 되거나 납득할 수 있는 결론이 되기도 한다.

부정 표현인 「わけでは ありません」은 「꼭 그렇다는 것은 아니다. 특별히 그런 일은 없다」는 의미이다. 또한 「わけには いかない」는 「그럴 수는 없다, 할 수 없다」는 의미로 불가능의 표현이다.

- **訳**

訳も　なく しかったり しては いけません。

(이유도 없이 야단치거나 해서는 안 됩니다)

会社を 休む 時は、　訳を 話して 下さい。

(회사를　쉴　때는　까닭을 이야기 하십시오)

- **訳だ(です)**

昨日 習った ばかりだから、よく できる わけです。

(어제　막 배웠기 때문에　　잘　하는　　것입니다)

あの人は　もう 10年も　日本に いるから、 日本語が 上手な わけですね。

(그 사람은 벌써 10년이나 일본에 있으니까 일본어를 잘 하는 거군요)

- **訳では ない(ありません)**

大体　調べたが、 全部 調べた わけでは ありません。

(대체로 조사했지만, 전부 조사한　것은　　아닙니다)

あなた 一人が　　悪いという わけでは ありません。

(당신 한 사람만　나쁘다는　　것은　　아닙니다)

• **訳(わけ)には いかない(いきません)**

暑(あつ)いからといって 水(みず)を たくさん 飲(の)む わけには いきません。

(덥다고 해서 물을 많이 마실 수는 없습니다)

試験(しけん)が 近(ちか)づいたので、遊んで いる わけには いきません。

(시험이 다가왔으므로, 놀고 있을 수만은 없습니다)

■ い형용사

1. い형용사의 활용

기본형	大(おお)きい	부사형	大(おお)きく なる
추측형	大(おお)きかろう	중지형	大(おお)きくて
과거형	大(おお)きかった	연체형	大(おお)きい 家(いえ)
부정형	大(おお)きく ない	가정형	大(おお)きければ

2. い형용사 어간의 용법

い형용사 어간에 접미어「さ、み、け」를 붙여 명사를 만든다.

寒(さむ)い → 寒(さむ)さ(추위)

重(おも)い → 重(おも)さ(중량감)

寒(さむ)い → 寒気(さむけ)(오한, 한기)

■ な형용사

기본형	静(しず)かだ	부사형	静(しず)かに なる
추측형	静(しず)かだろう	중지형	静(しず)かで
과거형	静(しず)かだった(です), 静(しず)かでした	연체형	静(しず)かな 部屋(へや)
부정형	静(しず)かでない	가정형	静(しず)かなら(ば)

い형용사와 어간이 같은 な형용사

細(こま)かい ― 細(こま)かだ	真(ま)っ黒(くろ)い ― 真(ま)っ黒(くろ)だ
暖(あたた)かい ― 暖(あたた)かだ	真(ま)っ白(しろ)い ― 真(ま)っ白(しろ)だ
柔(やわ)らかい ― 柔(やわ)らかだ	まんまるい ― まんまるいだ

■ 동사

1. 동사의 활용

1) 각 동사의 활용

기본형	부정형	공손형	연체형	명령, 가정	의지, 청유형
書く 3	書か+ない 1	書き+ます 2	書く 3	書け 4 書け+ば	書こ+う 5
起きる	起き+ない	起き+ます	起きる	起き+ろ 起き+よ 起き+れば	起きよう
教える	教えない	教えます	教える	教え+ろ 教え+よ 教え+れば	教えよう
来る	来ない	来ます	来る	来れば	来よう
する	しない	します	する	すれば	しよう

기본형	존경, 수동, 자발, 가능	사역형	가능형
書く 3	書か+れる 1	書か+せる 1	書け+る 4
起きる	起き+られる	起き+させる	起き+られる
教える	教え+られる	教え+させる	教え+られる
来る	来られる	来させる	来られる
する	される できる(가능)	させる	できる

2) ます의 활용

(1) ~ますか : 의문　　~ません : 부정

~ました : 과거, 완료　　~ましょう : 의지, 추측

(2) ます+명사 : 연체수식　　ますれば : 가정

まし·ませ : 명령

(1) “ませ” 명령형은 いらっしゃる, おっしゃる, くださる, なさる 연결

(2) 위의 동사는 변칙활용을 하여 어미가 「い」로 바뀐다.

※ 주의해야 할 예외 Ⅰ그룹동사(5단동사)

형태로는 Ⅱ그룹(상하1단)동사처럼 보이지만 Ⅰ그룹동사(5단동사)인 것이 많다. 잘 유의해서 익혀두자.

走(はし)る、知(し)る、散(ち)る、入(はい)る、帰(かえ)る、抓(つね)る、切(き)る、要(い)る、限(かぎ)る、煎(い)る、蹴(け)る

3) 동사의 음편

발음상 음이 발음하기 편한 음으로 변하는 현상을 「음편」이라 한다.

Ⅰ그룹동사(5단 동사)의 연용형에 「て、たり、た」가 연결될 때 음편이 일어나며 여기에는 다음의 3종류가 있다.

(1) Ⅰ그룹동사(5단동사) 음편형

연결어미 「~て형」(진행, 완료, 상태, 반복, 습관 등)을 붙일 때, 발음 편의를 위해 활용하는 형태이다.

① イ음편 – 동사어미　　く + て → いて
　　　　　　　　　　　ぐ + て → いで

예) 名前(なまえ)を 書(か)く → 名前(なまえ)を **書(か)いて** います。(쓰고 있습니다)

プールで 泳(およ)ぐ → プールで **泳(およ)いで** います。(헤엄치고 있습니다)

② 촉음편 – 동사어미　う + て → って
　　　　　　　　　　つ + て → って
　　　　　　　　　　る + て → って

예) 友達(ともだち)に 会(あ)う → 友達(ともだち)に **会(あ)って** います。(만나고 있다)

学校(がっこう)で 待(ま)つ → 学校(がっこう)で **待(ま)って** います。(기다리고 있습니다)

先生(せんせい)に なる → 先生(せんせい)に **なって** います。(되어 있습니다)

③ 발음편 - 동사어미　ぬ、む、ぶ → んで

예)　小説(しょうせつ)を　読(よ)む　→　小説(しょうせつ)を **読(よ)んで** います。(읽고 있습니다)

　　公園(こうえん)で　遊(あそ)ぶ　→　公園(こうえん)で **遊(あそ)んで** います。(놀고 있습니다)

(2)　Ⅱ그룹동사(상하1단 동사) 음편형

상하1단 동사 어간에 「~て형」을 붙여 활용하는 형태이다. 5단 동사처럼 그렇게 복잡하지 않고, 단순히 어미 る를 빼고, ~て를 붙이면 된다.

映画(えいが)を　見(み)る　→　映画(えいが)を **見(み)て** います。

(**보고** 있습니다)

ご飯(はん)を　食(た)べる　→　ご飯(はん)を **食(た)べて** います。

(**먹고** 있습니다)

(3)　Ⅲ그룹동사(변격동사)

母(はは)が　掃除(そうじ)する　→　母(はは)が **掃除(そうじ)して** います。

(**청소하고** 있습니다)

田中(たなか)さんは　来(く)る　→　田中(たなか)さんは **来(き)て** います。

(**와** 있습니다)

(예외 1) 어미가 「す」로 끝나는 동사에는 음편이 일어나지 않는다.

話(はな)す：話(はな)し+て → 話(はな)して(변화 없음)

(예외 2) 「行く」는 어미가 「く」로 끝나지만 촉음편

行く：　行い+て → 行って(き→っ: 촉음편)

구분	기본형	과거형	기본형	과거형	음편
Ⅰ그룹 (5 단) 동 사	書く 急ぐ	書いた 急いだ	泣く 泳ぐ	泣いた 泳いだ	イ 음 편
예외	行く	行った			
Ⅰ그룹 (5 단) 동 사	待つ 買う 作る	待った 買った 作った	立つ 習う 取る	立った 習った 取った	촉 음 편
	呼ぶ 読む 死ぬ	呼んだ 読んだ 死んだ	遊ぶ 住む	遊んだ 住んだ	발 음 편
예외	話す	話した	貸す	貸した	
Ⅱ그룹 (상하1단) 동 사	見る 寝る	見た 寝た	起きる 教える	起きた 教えた	
Ⅲ그룹 (변 격) 동 사	来る する	来た した			

항상 Ⅰ그룹동사(5단동사) 활용이 어려워 일본어를 많이 중단하는데, 다음과 같이 쉽게 익혀보자.

비둘기가 구구(くぐ) 울어서 참새처럼
비둘이 구이(く、ぐ → いて、いで)를 해 먹었다.

사랑하는 연인은 비가 쭈우루(つ、う、る) 내리지만 사랑하는 연인은 비가 오면 웃떼(って) → (つ、う、る →って)로 바뀐다.

누가 무엇을 부르는데(ぬ、む、ぶ→んで)

2. 동사의 존경형, 겸양형

1) 존경어

お+동사의 ます형+に なる

일본어의 존경표현은 여러 가지가 있는데 존경표현 중에서 「お+동사+に なる」가 가장 일반적이다.
동사의 ます형 앞에 존경 접두사 「お(ご)」 를 붙이고 뒤에 「~に なる」를 연결하면 상대방을 높이는 존경표현이 된다.

先生のお宅では 新聞は 何を　おとりに なって いますか。

(선생님 댁에서는 신문은 무엇을　구독하고 계십니까?)

学校へは 何で お出でに なりますか。(학교에는 무얼로 가십니까?)

何時頃 会社に お着きに なりますか。(몇 시쯤 회사에 도착합니까?)

金さんには 何時に お会いに なりますか。

(김동수씨는 몇시에 만나십니까?)

단, 특별한 경어표현을 취하는 동사는 「お+동사+に なる」의 형태를 취하지 않는다.

2) 겸양어

お+동사의 ます형+する

일본어의 겸양 표현은 특별한 겸양어를 사용하는 것과, 동사의 뒤에 「あげる」, 「さしあげる」 등 보조동사를 사용하는 경우도 있다.

그러나 가장 일반적인 것은 동사의 ます형 앞에 존경 접두어 「お(ご)」를 붙이고, ます형 뒤에 「する」를 연결하여 만드는 것이다.

동사를 「お+동사의 ます형+する」 형태로 만드는 것은 상대와의 관계를 나타낼 수 있는 동사가 주로 쓰인다.

(예를 들면 화자에만 국한된 행동일 경우에는 「お+泣き+する」와 같은 표현은 안한다).

우리말에서 겸양어로 「~해 드리다」를 사용해, 흔히 일본어 겸양표현을 「手伝って 差し上げる」, 「持って 差し上げる」와 같이 사용하기 쉬우나, 이러한 표현은 일본어 뉘앙스로서는 상대에게 은혜를 베푸는 것 같이 되므로 실례가 된다.

이러한 경우에는 「お+手伝い+する」, 「お+持ち+する」 표현이 가장 적합하다.

書類は 田中さんに　お渡ししました。

(서류는 다나카씨에게 건네드렸습니다)

このあいだ、お借りした 本は 明日 お返しします。

(지난번　　빌린　책은 내일 돌려드리겠습니다)

品物は 土曜日までに お届けします。

(물건은 토요일까지　보내드리겠습니다)

引っ越しの時、お手伝いしましょうか。

(이사할 때 도와드릴까요?)

3) 여러 가지 존경형과 겸양형

(1) 동사 ~て、형용동사 ~で+いらっしゃる

동사 ~て、형용동사 ~で+ある

「いらっしゃる」는 「いる」의 존경어, 「おる」는 「いる」의 겸양어이다. 다른 동사 뒤에 보조동사로 사용할 때는 「동사 ~て いる」의 존경어로 「동사 ~て いらっしゃる」, 겸양어로 「동사 ~て おる」가 사용된다.

田中さんは 英語を 教えて　います。

(다나카씨는 영어를 가르치고 있습니다.)

田中先生は　数学を　教えて　いらっしゃいます。

(다나카 선생님은 수학을 가르치고 계십니다)

私は　日本語を 教えて　おります。

(나는 일본어를 가르치고 있습니다)

みんな 元気ですか。(모두 잘 있습니까?)

みなさん、お元気で いらっしゃいますか。

(모두들　안녕하십니까?)

はい、お陰さまで みんな 元気で おります。

(네,　덕분에　모두　잘 있습니다)

(2) 「お+동사의 ます형+下さる」는 「~어 주시다」의 존경어이다.

「お+동사의 ます형+下さい」라고 하면 의뢰 존경어가 된다.

お座り下さい。(앉으십시오)

お待ち下さい。(기다려 주십시오)

한자어의 경우

ご注意下さい。(조심하십시오)　　　ご用意下さい。(준비해 주십시오)

(예외 : お電話下さい (전화해 주십시오)

「お+동사의 ます형+下さいまして~」는 「~어 주셔서」의 의미

わざわざ ご紹介下さいまして ありがとう ございました。

(일부러　소개시켜 주셔서　감사드립니다)

(3) 「お+동사의 ます형+です」의 경어에는 다음과 같은 용법상의 조건이 있다.

① 「한자어+する」의 동사에는 「御(ご)」를 사용하고, 한자어 부분을 「です」에 연결한다. 순수 일본어 동사일 경우에는 「お」를 쓰고 「ます형」을 「です」와 연결한다.

どんな 部屋(へや)を 御予約(ごよやく)ですか。
(어떤 방을 예약하시겠어요?)

いつ お帰(かえ)りですか。
(언제 돌아오세요?)

② 동사의 모습에 따라서 다음과 같이 분류

ㄱ. 상태동사

ある、できる 등은 과거에는 사용하지 못한다.

(현재상태) お子(こ)さんは 何人(なんにん) おありですか。
(몇 남매나 두셨습니까?)

(미래상태) 明日(あした)、用事(ようじ)が おありですか。
(내일 볼일이 있으신가요?)

ㄴ. 접속동사

読(よ)む、書(か)く、聞(き)く、歌(うた)う、作(つく)る 같은 것은 과거, 현재, 미래 그 어느 것이나 나타낸다.

(현재) 今(いま) 何(なに)を お読(よ)みですか。
(지금 무엇을 읽고 계세요?)

(과거) この本(ほん)、もう お読(よ)みですか。
(이 책 읽으셨어요?)

(미래) この本(ほん)、いつまでに お読(よ)みですか。
(이 책 언제까지 읽으실 거예요?)

ㄷ. 순간동사

卒業する、結婚する、出席する、到着する 등은 현재를 나타낼 수가 없다.

(과거) 何年度に　御卒業ですか。

(몇 년도에 졸업하셨어요?)

(미래) いつ 御卒業ですか。

(언제 졸업하세요?)

(4) 「한자어+する」와 같은 종류의 동사의 존경어 「한자어+なさる」 어두에 「ご」를 앞세워 「ご+なさる」라고 하면 된다.

(御)就職なさった そうですね。　(취직하셨다면서요?)

何を　研究なさって いるんですか。 (무엇을 연구하고 계세요?)

예외 : もう お電話なさったんですか。

(5) 형용사, 대명사에 존경하는 뜻의 「お」를 붙인 것이지만,
모든 형용사, 대명사에 「お」를 붙이는 것은 아니다.
붙일 수 있는 것은 상당히 한정되어 있다.

早い → 今日は お早いですね。(오늘 일찍 오셨군요.)

悪い → どこか お悪いんですか。(어디 편찮으세요?)

(×)おもしろい : おもしろい 方

上手だ → テニスが お上手ですね。

好きだ → どれが お好きですか。

(×)真面目だ : お真面目な 方

4) 특수한 존경형, 겸양형 동사

일본어에서 경어법은 우리말의 경어법과 다르다. 가장 큰 차이점은 자기 쪽 사람은 특히 자기 가족을 다른 사람 앞에서 이야기할 때에는 절대로 높여서 이야기하지 않는다. 부모를 화제로 할 경우에도 높여서 표현하는 것은 상대방에게 실례가 된다.

그런데 상대방 가족이라면 존경어로 하며 어린애라고 하더라도 화제로 할 때는 함부로 표현해서는 안 된다. 그러므로 실제의 대화에서 언제나 화제의 인물이 상대방 쪽인지, 자기 쪽인지 가려야 한다.

예사어	존경어	겸양어
いる	いらっしゃる	おる
する	なさる	致(いた)す
行(い)く	いらっしゃる いで お出(い)でに なる	参(まい)る
来(く)る	いらっしゃる お出(い)でに なる 見(み)える	参(まい)る
言(い)う	おっしゃる	申(もう)し上(あ)げる
会(あ)う		お目(め)に かかる
見(み)る	ご覧(らん)に なる	拝見(はいけん)する
やる		あげる さしあげる
くれる	くださる	
もらう		いただく
知(し)る	ご存(ぞん)じる	存(ぞん)じ上(あ)げる
食(た)べる	召(め)し上(あ)がる 上(あ)がる	いただく
聞(き)く		うかがう
寝(ね)る	お休(やす)みに なる	

친족 명사

타인의 가족	ご両親(りょうしん) お子(こ)さん ご主人(しゅじん) 奥(おく)さん 御坊(おぼ)っちゃん (부모님) (자제분) (바깥어른) (사모님) (아드님) 御嬢(おじょう)さん お孫(まご)さん おじいさん おばあさん (따님) (손자분) (할아버님) (할머님)
본인 가족	両親(りょうしん) 子供(こども) 主人(しゅじん) 家内(かない) 息子(むすこ) 娘(むすめ) 孫(まご) 祖父(そふ) 祖母(そぼ)

■ 부사

1. 부사의 특징

① 주로 용언(동사, 형용사, 형용동사)를 수식한다.

② 주어, 술어, 독립어가 될 수 없다.

③ 자립어로서 활용이 없다.

④ 부사와 명사를 수식하는 부사도 있다.

2. 부사의 종류

1) 상태부사

동사를 수식하며 동사의 모습, 상태 등을 자세히 설명하는 부사이다.

① ゆっくり(と)(천천히)	⑧ しばらく(잠깐)
② わざわざ(일부러)	⑨ しばしば(자주)
③ はっきり(と)똑똑히, 분명히	⑩ そよそよ(산들산들)
④ すっかり(완전히)	⑪ ますます(점점)
⑤ じっと(물끄러미)	⑫ だんだん(점점)
⑥ そっと(살짝)	⑬ いきなり(느닷없이)
⑦ すでに(이미)	⑭ すやすや(と)(새근새근)

2) 정도부사

용언을 수식하며 용언의 정도를 나타내는 부사이다.

① とても(매우)	⑧ ずっと(훨씬)
② ひじょうに(대단히, 매우)	⑨ すこぶる(매우)
③ あまり(그다지)	⑩ やや(약간)
④ ずいぶん(매우)	⑪ たいそう(매우)
⑤ ほとんど(거의)	⑫ わずか(조금)
⑥ かなり(제법, 상당히)	⑬ もっとも(가장)
⑦ きわめて(지극히)	⑭ だいぶ(상당히)

3) 서술부사

부사 중에는 부사를 받는 문절에 특별한 표현 즉, 술어에 긍정을 나타내는 말이나 부정을 나타내는 말 따위와 같이 사용되는 부사이다.

- 술어에 긍정을 필요로 하는 부사

① 必(かなら)ず (반드시, 꼭)	② 是非(ぜひ) (꼭)
③ もっとも(가장)	④ 本当(ほんとう)に(정말)

- 술어에 부정을 필요로 하는 부사

① 決(けっ)して(결코 ~(아니다))	② 少(すこ)しも (조금도~ (아니다))
③ 必(かなら)ずしも(반드시 ~(아니다))	④ 到底(とうてい) (도저히~ (아니다))

- 술어에 가정의 표현을 필요로 하는 부사

① もし(만약)	② 仮(かり)に (만약)	③ たとえ(설사, 설령)
④ 万一(まんいち)(만약)	⑤ 万(まん)が一(いち)(만약)	

- 술어에 의문의 표현을 필요로 하는 부사

① どうして(왜)	② 何故(なぜ)(왜)	③ 何故(なにゆえ)に(무엇 때문에)

※ 의태어 · 의성어

사물의 상태나 소리를 표현하는 부사(사전으로 찾아보기)

いよいよ　にこにこ　ろくろく　ふらふら　もじもじ　ぺらぺら
まごまご　そぼそぼ　こりこり　うろうろ　そよそよ　じめじめ
ぴかぴか　ちらちら　ぱらぱら　ちらほら　ごろごろ　もくもく
しとしと　てくてく　すいすい　ときどき　ぐずぐず

■ 관용적 표현(생활용어)

夜が 明ける 날이 밝아지다	地下鉄を 降りる 지하철에서 내리다
目が 覚める 잠이 깨다	電話を 掛ける 전화를 걸다
目を 覚ます 눈을 뜨다	電話を 切る 전화를 끊다
早起きを する 일찍 일어나다	電話に 出る 전화를 받다
朝寝坊を する 늦잠을 자다	打ち合わせを する 협의를 하다
電気を つける 전기를 켜다	会議を 開く 회의를 열다
窓を 開ける 창문을 열다	食事に 行く 식사하러 가다
布団を しまう 이불을 개다	仕事を 片づける 일을 정리하다
風呂に 入る 목욕을 하다	日が 暮れる 해가 지다
顔を 洗う 세수를 하다	本屋に 寄る 책방에 들르다
髪を 洗う 머리를 감다	友達に 会う 친구를 만나다
歯を 磨く 양치질을 하다	握手を する 악수를 하다
口を 濯ぐ 입을 헹구다	お酒を 飲む 술을 마시다
髭を 剃る 면도를 하다	日記を つける 일기를 쓰다
髪を とかす(すく) 머리를 빗다	布団を 敷く 이불을 깔다
上着を 着る 상의를 입다	窓を 閉める 창문을 닫다
靴下を 履く 양말을 신다	床に つく 잠자리에 들다
眼鏡を かける 안경을 쓰다	夢を 見る 꿈을 꾸다
時計を はめる 시계를 차다	パジャマを 脱ぐ 잠옷을 벗다
指輪を はめる 반지를 끼다	シャツを 着る 셔츠를 입다

帽子(ぼうし)を 被(かぶ)る 모자를 쓰다	ズボンを 履(は)く 바지를 입다
靴(くつ)を 履(は)く 신발을 신다	シャワーを 浴(あ)びる 샤워를 하다
朝御飯(あさごはん)を 食(た)べる 아침식사를 하다	ボタンを しめる 단추를 잠그다
お茶(ちゃ)を 入(い)れる 차를 끓이다	ネクタイを しめる 넥타이를 매다
朝刊(ちょうかん)を 読(よ)む 조간신문을 읽다	テレビを 見(み)る 텔레비전을 보다
新聞(しんぶん)に 目(め)を 通(とお)す 신문을 훑어보다	コーヒーを 飲(の)む 커피를 마시다
出勤(しゅっきん)の支度(したく)を する 출근 준비를 하다	メモを 取(と)る 메모를 하다
地下鉄(ちかてつ)に 乗(の)る 지하철을 타다	タバコを 吸(す)う 담배를 피다

■ 관용구 정리

1. あ행

一言(いちごん)も ない	유구무언[有口無言]
糸(いと)を 引(ひ)く	사주하다
芋(いも)を 洗(あら)うよう	콩나물 시루와 같다
腕(うで)が 上(あ)がる	실력이 늘다
裏目(うらめ)に 出(で)る	역효과가 나다
瓜二(うりふた)つ	쏙 빼 닮다
運(うん)のつき	운이 다함
大(おお)きな 顔(かお)を する	잘난 체하다
大口(おおぐち)を 叩(たた)く	큰소리치다
折(お)り紙(がみ)つき	보증수표, 알아주다, 소문나다
押(お)しが 強(つよ)い	고집이 세다

2. か행

顔(かお)が 売(う)れる　이름이 나다
顔(かお)が 利(き)く　잘 통하다
顔(かお)が 広(ひろ)い　발이 넓다
陰口(かげぐち)を 叩(たた)く　뒤에서 욕하다
風(かぜ)の便(たよ)り　풍문
肩入(かたい)れを する　편을 들다
片棒(かたぼう)を 担(かつ)ぐ　거들다[가담하다]
肩(かた)を 並(なら)べる　막상막하이다
肩(かた)を 持(も)つ　편들다
気(き)が 多(おお)い　변덕스럽다
狐(きつね)に 摘(つま)まれる　여우에게 홀리다
軌道(きどう)に 乗(の)る　궤도에 오르다
気(き)を 持(も)たせる　마음 들뜨게 하다
臭(くさ)い ものに ふたを する　눈감고 아웅한다
口(くち)が 軽(かる)い　입이 가볍다
口(くち)が 重(おも)い　말수가 적다
口(くち)から 先(さき)に 生(う)まれる　물에 빠지면 입만 뜨다
くちばしが 黄色(きいろ)い　머리에 피도 안 마르다
首(くび)を 長(なが)く して 待(ま)つ　목이 빠지게 기다리다
暮(く)らしを 立(た)てる　살림을 꾸리다
煙(けむり)を 巻(ま)く　연막치다[어물쩍 넘기다]

3. さ행

尻馬に 乗る	덩달아 하다
尻が 軽い	① 촐랑거리다 ② [여자] 바람둥이다
涼しい 顔を する	시치미 떼다
すずめの 涙	쥐꼬리[새발의 피]
底を 突く	바닥이 나다
そつが 無い	빈틈이 없다
そっぽを 向く	외면하다
そろばんが 合う	수지가 맞다

4. た행

手を かえ品を かえ	갖은 수를 다하여
峠を 越す	고비를 넘기다
どこ吹く 風	뉘 집개가 짖느냐

5. な행

西も 東も 分からない	쥐뿔도 모른다
糠味噌が 腐る	돼지 멱따는 소리
濡衣を 着せられる	누명을 쓰다
寝た 子を 起こす	긁어 부슬럼
喉から 手が 出る	너무 갖고 싶다

6. は행

歯が 浮く	속보이다
鼻が 高い	우쭐거리다
話に 花が 咲く	이야기꽃이 피다
花を 添える	금상첨화
花を 持たせる	영광을 돌리다
歯の抜けたよう	이 빠진 거 같다
腹が 黒い	뱃속이 검다
腹を 探る	마음을 떠보다
一肌脱ぐ	발 벗고 나서다
人は 見かけに よらぬ もの	사람은 겉보기와 다르다
人目を 引く	남의 눈을 끌다
火に 油を 注ぐ	불난 집에 부채질하다
ピリオドを 打つ	종지부를 찍다
袋のねずみ	독안에 든 쥐
踏んだり 蹴ったり	설상가상
屁とも 思わない	발가락의 때만큼도 안 여긴다
棒に 降る	다 된 밥에 재를 뿌리다
ほおが 落ちそう	둘이 먹다가 하나 죽어도 모르겠다
ほっぺたを つねる	꿈인가 생신가 하여 빰을 꼬집다
骨身を 惜しまない	뼈가 빠지게

7. ま행

枕を 高く する	두 다리 뻗고 자다
的を 射る	적중하다
身が 細る	애간장이 타다
水に 流す	없었던 일로 하다
身に つける	몸에 익히다
見る 影も 無い	몰라볼 정도로 초췌해지다
身を 切られる	살을 에는 듯하다

実を 結ぶ	결실을 맺다
虫が 知らせる	불길한 예감이 들다
胸が いっぱいに なる	가슴이 벅차다
胸に 一物	꿍꿍이속
メッキが はがれる	본색을 드러내다
目に 餘る	눈에 거슬리다
目の上のこぶ	눈엣가시
目の敵に する	눈엣가시로 여기다
目の毒	모르는 것이 약
目を つぶる	눈감아주다
目と鼻の先	엎드러지면 코 닿을 데

8. や행

槍玉に 上げる	도마 위에 올리다
指を くわえる	손가락을 입에 물다[바라만보고 있다]
よだれが 出る	군침을 삼키다

9. ら행

溜飲が 下がる	체증이 내려가다[가슴이 후련해지다]
両手に 花	꿩 먹고 알 먹고

10. わ행

我に 返る	제정신을 차리다
我を 忘れる	넋을 잃다

■ 속담(諺)

会うは 別れの始め。	생자필멸(만나면 반드시 헤어지게 되어 있다)
急がば 回れ。	급하면 돌아가라
馬の耳に 念仏。	소 귀에 경 읽기
うわさを すれば 影が さす。	호랑이도 제 말하면 온다
女心と秋の空	여자의 마음은 가을하늘처럼 알 수 없다
便りのないのは よい 便り	무소식이 희소식
知らぬが 仏	모르는 것이 약이다
ちりも 積もれば 山と なる	티끌모아 태산
花より 団子	금강산도 식후경
百聞は 一見に 如かず	백문이 불여일견
安物買いの銭うしない	싼 것이 비지떡이다
一寸の虫にも 五分の魂	지렁이도 밟으면 꿈틀거린다
猿も 木から 落ちる	원숭이도 나무에서 떨어진다

■ 일상회화

1. 만났을 때

おはよう(ございます)。	아침결에 하는 인사말. 공손하게 말할 때에는「ございます」를 붙임. 대개 10시 이전에 쓴다.
こんにちは。	낮 동안의 인사말.
こんばんは。	저녁때의 인사말.

2. 헤어질 때

さようなら。	헤어질 때의 인사말.
お休(やす)みなさい。	밤에 하는 인사말. 안녕히 주무십시오.
では、また、お会(あ)いましょう。	그럼 다시 만납시다.

3. 고마울 때와 사과할 때

ありがとう(ございます)。	감사합니다. 고맙습니다. (공손하게 말할 때에는「ございます」를 붙인다)
お礼(れい)を　申(もう)し上(あ)げます。	감사 말씀 드립니다.
すみません。	미안합니다.
ごめなさい。	용서하십시오. 실례합니다.
どう　いたしまして。	천만의 말씀(입니다).
失礼(しつれい)しました。	실례했습니다.
どうも。	「참말로」 「どうも」 이하의 말을 생략해 버리고「どうも」만으로 대용하는 일이 많다. どうも(ありがとう)。 どうも(すみません)。
ご苦労様(くろうさま)でした。	수고하셨습니다. 자기보다 윗사람이 이쪽을 위해서 수고하였을 경우에는「ありがとう　ございました」라고 말한다.

4. 소개할 때

~さんを ご紹介致します。	~씨를 소개해 드리겠습니다.
はじめまして。	처음 뵙겠습니다.
お会いできて、嬉しいです。	만나 뵙게 되어서 반갑습니다.
私は　~と 申します。	나는 ~라고 합니다.
どうぞ よろしく。	잘 부탁드립니다.
私こそ。	저야말로. 「こちらこそ」라고도 함.

5. 안부를 물을 때

ごきげん、いかがですか。	안녕하십니까?
お陰様さまで、元気です。	덕분에 건강합니다.
それは けっこうです。	그것은 다행입니다.
お変りありませんか。	별일 없습니까?
相変わらずです。	여전합니다.
体の具合いが、よく ありません。	몸이 좋지 않습니다.
それは いけませんね。	그건 안됐군요.
どうぞ お大事に。	몸조심 잘 하십시오.

6. 안부를 전할 때

~に よろしく。	~에게 안부 전해 주십시오.
~が ~に　よろしくと 言いました。	~가 ~에게 안부 전해달라고 하였습니다.

7. 외출할 때와 귀가할 때

行って 参ります。	다녀오겠습니다.
行って いらっしゃい。	다녀왔습니다.
只今。	지금 돌아왔습니다.
お帰りなさい。	어서 돌아오십시오.

8. 무엇을 먹을 때

どうぞ。	상대방에게 무엇을 권하거나 부탁할 때 나타내는 말로서 영어의 please와 같은 말. 「청컨대·아무쪼록·부디·어서 ~하세요」의 뜻.
いただきます。	먹겠습니다.
ごちそうさま。	잘 먹었습니다.
おそまつさま。	변변치 못했습니다.
もう 少(すこ)し いかかですか。	좀 더 어떻습니까?
もう たくさんです。	이제 충분합니다. 많이 먹었습니다.
何(なに)を 召(め)し上(あ)がりますか。	무엇을 드시겠습니까?

9. 오랜만에 만났을 때

しばらくでした。	오래간만입니다.
お久(ひさ)しぶりですね。	오랜만이군요.
ごぶさた致(いた)しました。	오랫동안 연락 못 드렸습니다.

10. 의뢰할 때 쓰는 말

お願(ねが)いします。	부탁하겠습니다.
お願(ねが)いが あるんですが。	부탁이 있는데요.
失礼(しつれい)ですが。	실례합니다만.
恐(おそ)れ入(い)りますが	죄송합니다만.
もしもし、ちょっと、うかがいますが。	여보세요. 잠깐 여쭈어 보겠는데요.

11. 기다리게 할 경우

ちょっと 待(ま)って ください。	잠깐 기다려 주십시오.
しばらく(少々(しょうしょう))、お待(ま)ちください。	잠시 기다려 주십시오.
どうも、お待(ま)たせ致(いた)しました。	오래 기다리게 했습니다.
お待(ま)ちどおさま。	많이 기다리셨습니다.

12. 방문

いらっしゃいませ。	어서 오십시오.
おじゃまでは ありませんか。	방해가 되지 않겠습니까? (남을 방문하였을 때 하는 인사말)
いいえ、どうぞ ごゆっくり。	아니오, 천천히 놀다 가십시오.
いらっしゃいませ。	어서 오십시오.
よく いらっしゃいました。	잘 오셨습니다.
おじゃま致(いた)しました。	방해가 되었습니다. 실례했습니다.
もう おいとましましょう。	이제 그만 가야겠습니다.
また、おじゃまに あがります。	또 찾아뵙겠습니다.
また、おいでください。	또 오십시오.
~さんは、ご在宅(ざいたく)ですか。	~씨 댁에 계십니까?
あいにく、留守(るす)です。	공교롭게도 집에 없습니다.
どうぞ。お上(あ)がり ください。	어서 올라오십시오.
どうぞ こちらへ。	자, 이쪽으로(「오십시오. 들어 오십시오」를 생략한 것)

13. 응답

勿論(もちろん)です。	물론입니다.
その通(とお)りです。	그렇습니다.
まったくです。	정말 그렇습니다.
私も そう 思(おも)います。	나도 그렇게 생각합니다.
おっしゃるとおりです。	말씀하신 대로입니다.
いいですとも。	좋고말고요.
違(ちが)います。	아닙니다.
間違(まちが)いました。	틀립니다.
気(き)が つきませんでした。	알아차리지 못했습니다.
それは ありうる ことです。	그것은 있을 수 없는 일입니다.
それは 場合(ばあい)に よりけりです。	그것은 경우에 따라 다릅니다.
どうも、信(しん)じられません。	암만해도 믿을 수 없습니다.
そうかも 知(し)れません。	그럴지도 모릅니다.

14. 연결하는 말

実は。	실은.
それは そうと。	그건 그렇고.
とにかく。	어쨌든.
考えて みれば。	생각해 보니.
今も 言ったとおり。	지금도 말한 바와 같이.
それで 思い出しましたが。	그것으로 생각이 났는데.
冗談は さておき。	농담은 그만 하고.
話は 違いますが。	이야기는 다릅니다만.
あのですね。	저 말이어요.
~は 言うまでも なく。	~은 말할 필요도 없이.

15. 기타

この時計は、遅れて います。	이 시계는 늦습니다.
この時計は、進んで います。	이 시계는 빠릅니다.
いい お天気ですね。	날씨가 좋군요.
悪い お天気ですね。	날씨가 나쁘군요.
曇って きましたね。	흐려지는군요.
晴れて きましたね。	개기 시작하는군요.
雨が 降りそうですね。	비가 올 것 같군요.
雨が 降りだしました。	비가 오기 시작합니다.
~へ 行く 道を お教えください。	~(으)로 사는 길을 가르쳐 주십시오.
これは、どこ行きですか。	이것은 어디로 가는 겁니까?
~駅は、どこですか。	~역은 어딥니까?
どこで 乗り換えですか。	어디서 바꿔 탑니까?
~までの切符を ください。	~까지의 표를 주십시오.
ここで 降りて ください。	여기서 내려 주십시오.
もしもし、777の6098番ですか。	여보세요, 777의 6098입니까?
~さんを お願いしたいんですが。	~씨를 부탁하고 싶은데요.
どちらさまでいらっしゃいますか。	누구십니까?
どなたを お呼びですか。	누구를 찾으십니까?

お繋ぎ致します。　연결해 드리겠습니다.

お話し中ですが。　통화중인데요.

これは いくらですか。　이것은 얼마입니까?

~を 見せて ください。　~을 보여 주십시오.

少し 高いですね。　좀 비싸군요.

もう 少し 安いのは ありませんか。　좀 더 싼 것은 없습니까?

もう 少し 安く なりませんか。　좀 싸게 안 됩니까?

これを いただきます。　이것을 사겠습니다.

私のうちへ 届けて ください。　우리 집으로 배달해 주십시오.

もう 一度、言って ください。　다시 한 번 말씀해 주십시오.

もう ゆっくり 言って ください。　더 천천히 말해 주십시오.

よく 聞き取れませんでした。　잘 알아듣지 못했습니다.

今晩は お暇ですか。　오늘 밤은 한가하십니까?

何か ご用ですか。　무언가 용건이 있으십니까?

ご心配なく。　걱정 마시고.

お構いなく。　상관마시고.

ご遠慮なく。　사양 마시고.

■ 일본어 단어 연상 암기법

1. 사랑이란... 아이! 부끄러워 말을 못하겠네 사랑→아이(あい)
2. 에! 그림은 이렇게 그리는 겁니다 에헴! 그림→에(え)
3. 우리 조카 녀석은 오이만 좋아해서...... 조카 →오이(おい)
4. 당신 얼굴 보기 싫어 나는 가오 얼굴→가오(かお)
5. 여름만 되면 나 쪄죽네! 여름→나츠(なつ)
6. 옛날사람들은 된장만 봐도 미소를 짓는데 요즘 애들은 김치도 안 먹는다니 된장→미소(みそ)
7. 가방은 그냥 가방이지요 가방→가반(かばん)
8. 사슴은 무척 시가가 비싸데요. 사슴은 →시까(しか)
9. 곰은 고구마를 좋아할걸..... 곰은→쿠마(くま)
10. 말이 우마차를 몰고 가니까. 말은→우마(うま)
11. 의자도 있습니까? 의자는→이스(いす)
12. 부인이 빨래를 널러 옥상에 갔습니다 부인은→옥상(おくさん)
13. 한 구치 잡았다고 입으로 크게 외쳤다. 입은→쿠치(くち)
14. 다방에서 차 한잔하니 킷사 땡이로구나. 다방은→킷사땡(きっさてん)
15. 코는 몇 개입니까? 하나입니다. 코는 →하나(はな)
16. 후유-! 또 추운 겨울이구나. 겨울은→후유(ふゆ)
17. 전화 벨이 댕와! 하고 울렸다. 전화는→댕와(でんわ)
18. 재떨이 줄테니까, 한대피고 어이! 자라. 재떨이는→하이자라(はいざら)
19. 체중은 자전거로 지탱하세요, 자전거는→지땐샤(じてんしゃ)
20. 휴일인데 집에는 우찌 있습니까? 집은→우치(うち)
21. 이 전차에는 댄서가 타고 있다. 전차는→댄샤(でんしゃ)
22. 주시는 김에 사전도 주쇼. 사전은→지쇼(じしょ)
23. 연필은 앰(M)자와 같이 삐죽하게 깎으세요. 연필은→앰삐츠(えんぴつ)
22. 고양이는 내꺼야. 고양이는→내꼬(ねこ)
23. 개는 이를 안 닦아서 이가 누렇다. 개는→이누(いぬ)
24. 표가 많이 있어서 기쁘다. 표는→킵뿌(きっぷ)
25. 요즘 신문은 신분을 보장해 줄까? 신문은→심붕(しんぶん)
26. 우산 없으면 가서 사 우산은→카사(かさ)
27. 학생들이여! 자기 자신을 잘 가꾸세. 학생은→가꾸세(がくせい)
28. 책상 위에서 축구하면 안 되지. 책상은→츠꾸에(つくえ)
29. 오 -! 내 키보다 크구나 크다는→오-끼-(おおきい)
30. 작으니까, 치아 사이에 들어가지. 작다→치-사이(ちいさい)
31. 인형도 있는교? 인형은→닌교-(にんぎょう)

32. 이 수첩은 태초에 만들어진 것이다. 　수첩은→테쵸-(てちょう)
33. 웃도리는 우와기, 　웃도리는→우와기(うわぎ)
34. 이 자동차에는 지도자가 타고 있다. 　자동차는→지도-샤(じどうしゃ)
35. 최초의 한글소설인 책은 홍길동전이다. 　책은→홍(ほん)
36. 동물원에 부츠 신고 갔습니다(물릴까봐) 　동물원은→도부츠엥(どうぶつえん)
37. 회사원인 조카가 이사가 됐다. 　회사원은→카이샤잉(かいしゃいん)
38. 타바꼬 입뽕 쿠다사이. 　담배는→타바꼬(たばこ)
39. 한국인 무당은 칼 꽂고 징을 친다. 　한국인은→캉꼬꾸징(かんこくじん)
40. 이 만년필은 만년동안 히트쳤습니다. 　만년필은→만넹히츠(まんねんひつ)
41. 비행기 밖은 히끗히끗 안개가 끼어있다. 　비행기는→히꼬-끼(ひこうき)
42. 비누 세 개 주세요. 　비누는→셋껭(せっけん)
43. 잡지위에 잣씨가 있으니 먹으세요. 　잡지는→잣씨(ざっし)
44. 선풍기는 바람을 세게 뿜어내는 기계 　선풍기는→샘뿌-끼(せんぷうき)
45. 안경 쓰고 두메가네, 　안경은→메가네(めがね)
46. 튀김은 댐뿌라, 　튀김은→댐뿌라(てんぷら)
47. 우체국에 가서 우편꽂고 오겠습니다. 　우체국은→유-빙꼬꾸(ゆうびんきょく)
48. 은행에 조깅코스가 없는 것이 당연하지, 　은행은→깅꼬-(ぎんこう)
49. 공원에 가서 코를 앵~하고 풀면 경범죄. 　공원은→코-앵(こうえん)
50. 형은 학교 갔고 나는 집에 있습니다. 　학교는→각꼬(がっこう)
51. 지금 역에 간다니, 에끼! 이사람. 　역은→에끼(えき)
52. 배가 후내 후내 흔들리면서 간다. 　배는→후내(ふね)
53. 도깨비도 시계차는 세상! 　시계는→도께이(とけい)
54. 이것은 고래심줄보다 더 질기다. 　이것은→코레(これ)
55. 그것은 소래라고 그냥 외워라! 　그것은→소레(それ)
56. 저것은 저 책상 아래에 있습니다. 　저것은→아레(あれ)
57. 어느 것이냐, 도레미파솔라시도. 　어느 것은→도레(どれ)
58. 잘 싸둔 컴퓨터는 와~푸노! 　워드프로세서→ワープロ
59. 난 무엇입니까. 　무엇입니까→난데스까(なんですか)
60. 더러운 휴지는 거미보다 더럽다. 　휴지→고미(ごみ)
61. 머리에 이고 가다. 　가다는→이꾸(いく)
62. 굴러 오다. 　오다는→쿠루(くる)
63. 미루어 보다. 　보다는→미루(みる)
64. 연필 갖고 쓰다. 　쓰다는→카꾸(かく)
65. 하나씩 하나씩 이야기하다. 　이야기하다는→하나스(はなす)
66. 도로 집다. 　집다는→토루(とる)
67. 지이미 너무 수수하다. 　수수하다는→지미다(じみだ)

68. 오이씨는 맛있다.	맛있다는→오이씨-(おいしい)
69. 술을 너무 마셨다.	마시다는→노무(のむ)
70. 라디오를 키고 듣다.	듣다는→키꾸(きく)
71. 소개 해 주세요. 쇼-까이 해 주세요.	소개는→쇼-까이(しょうかい)
72. 왔다, 왔다, 내가 왔다.	나는→와따시(わたし)
73. 이 선생님은 센세이션을 불러일으켰다.	선생은→센세-(せんせい)
74. 억울한 일은 방송에 호소해야……	방송→호-소-(ほうそう)
75. 대학생은 다이각세-.	대학생은→다이각세-(だいがくせい)
76. 인사는 와이샤츠입고 해야지,	인사는→아이사츠(あいさつ)
77. 낮에는 콘 있지 와.	낮인사→콘니치와(こんにちは)
78. 밤에는 금방 와야 돼요.	밤인사→콤방와(こんばんは)
79. 헤어질 때는 사고 나라.	헤어질 때 인사→사요-나라(さようなら)
80. 미안할 때는 → 스미마생,	미안합니다→스미마생(すみません)
81. 실례는 → 시츠레-. (しつれい)	실례합니다는→시츠레-시마스(しつれいします)
82. 플리-즈 도-조,	플리-즈는→도-조(どうぞ)
83. 예는 → 하이,(はい)	아니오는→이-에(いいえ)
84. 잘 먹겠습니다. 이따가 또 먹겠습니다.	잘 먹겠습니다는→이따다끼마스(いただきます)
85. 잘 먹었으니까, 고치소 사마귀를	잘 먹었습니다는→고치소-사마(ごちそうさま)
86. 그러면, 데리고 와 주세요.	그러면은→데와(では)
87. 그 과장님 복사를 코피 나게 시키네!	복사→코피-(コピー)
88. 춤추는 모양이 오돌오돌 떠는 것 같다.	춤추다→오도루(おどる)
89. 에비! 뱀 나올라!	뱀→헤비(へび)
90. 예, 그렇습니다, 소입니다.	그렇습니다는→소-데스(そうです)
91. 봐라! 장미에도 가시는 있어	장미→바라(ばら)
92. 노트는 노-또,	노트는→노-또(ノート)
93. 세타는 세-타,	세타는→세-타(セータ)
94. 내 모자를 보시오.	모자는→보-시(ぼうし)
95. 넥타이는 네꾸따이,	넥타이는→네꾸따이(ネクタイ)
96. 어느 분이냐, 또 나타난 사람이.	어느 분은→도나따(どなた)
97. 이 칫솔에는 하! 브라시가 달려 있네.	칫솔은→하브라시(はぶらし)
98. 어머 이 물건 무겁네!	무겁다→오모이(おもい)
99. 일본에 가니 홍차를 많이 마시더라,	일본은→니홍(にほん)
100. 제일 가벼운 건 가루	가볍다→가루이(かるい)

101. 차는 쿠루마,	차는→쿠루마(くるま)
102. 그럼 쟈,	그럼→쟈(じゃ)
103. 네 남편은 코가 오똑하지?	남편→옷또(おっと)
104. 영국이기에 리스산업이 발달했다.	영국은→이기리스(イギリス)
105. 중국인이 고추먹고 고꾸라지다 징에 맞았다.	중국인은→츄고꾸징(ちゅうごくじん)
106. 무슨 난리가 났노.	무슨은→ 난노(なんの)
107. 에고 에고 영어는 역시 어렵구나.	영어는→에-고(えいご)
108. 친구도 모두다 친척같이 지낸다.	친구는→토모다치(ともたち)
109. 사과는 서부극에 나오는 링고스타가 잘 먹는다.	사과는→링고(りんご)
110. 몇 개는 입구에 처박아 놓았다.	몇 개는→이꾸츠(いくつ)
111. 날짜에는 하루도 있다.	있다는→아루(ある)
112. 위는 우에라고도 해요.	위는→우에(うえ)
113. 너희 동네에선 요즘 무엇이 나니?	무엇은→나니(なに)
114. 나까무라는 안에 있다.	안은→나까(なか)
115. 곁에 있는 아가씨는 참으로 소박하구나.	곁은→소바(そば)
116. 귤이 밀감이고 밀감은 미깡이다.	귤은→미깡(みかん)
117. 아래에 있는 귤은 시다.	아래는→시다(した)
118. 힌트 하나 또 주세요.	하나는→히또츠(ひとつ)
119. 둘 하면 후다닥 뛰어라.	둘은→후따츠(ふたつ)
120. 마누라가 셋이라니 나 미쳐!	세 개는→밋츠(みっつ)
121. 요강이 네 개 있으니,	네 개는→욧츠(よっつ)
122. 이 아이는 다섯 살에 이가 났다, 쯧쯧.	다섯 개는→이츠츠(いつつ)
123. 무우 여섯 개 주세요.	여섯 개는→뭇츠(むっ つ)
124. 아이 일곱은 나놓자(첫날밤 약속)	일곱 개는→ 나나츠(ななつ)
125. 네 개는 욧츠고 여덟 개는 얏츠다. 헛갈리지 말 것.	여덟 개는→얏츠(やっつ)
126. 코코코코 도깨비 코는 아홉 개.	아홉 개는→코코노츠(ここのつ)
127. 토끼가 열 마리나 있다.	열 개는→토-(とお)
128. 옆에서도 나리나리하고 놀고 있다.	옆은→토나리(となり)
129. 회사가 이사갔습니다.	회사는→카이샤(かいしゃ)
130. 병원차가 뵤-잉하고 달려간다.	병원은→뵤-잉(びょういん)
131. 파출소에서 코박고 벌서고 있다.	파출소는→코-방(こうばん)
132. 옆에 있는 사람은 요구사항이 많다.	옆은→요꼬(よこ)
133. 여관에서 료금 안내면 강제로 쫓겨나요.	여관은→료깡(りょかん)
134. 물고기 사가나 뭘 사가나 !	물고기는→사까나(さかな)
135. 야채가게에서 고양이가 야오야오하고 운다.	채소가게는→야오야(やおや)
136. 둘 사이에는 반드시 아이가 생긴다.	사이는→아이다(あいだ)

137. 약 먹으라고 구슬리니까 잘 먹는다. 약은→쿠수리(くすり)
138. 이마는 앞에 있지요?. 앞은→마에(まえ)
139. 민원실은 민간인이 많이 찾아요. 민원실은→민간시쯔(みんがんしつ)
140. FAX는 상대방으로 확 스치며 들어가요 FAX는→확스(ファックス)
141. 요즘 잘나가는 김지호는 지방사람인가? 지방은→지호(ちほう)
142. 구토하는 소리 "하쿠" 구토는→하쿠(はく)
143. 눈 중에서 매눈이 제일 무서워요 눈은→메(め)
144. 뜨거운 불에 손데다. 손은→데(て)
145. 새아씨의 버선발이 제일 예뻐요. 발은→아시(あし)
146. 딴 건 참아도 엉덩이 시린건 못 참아!. 엉덩이는→시리(しり)
147. 헤- 배꼽 빠진 사람처럼 웃지마! 배꼽은→헤소(へそ)
148. 파란하늘 맑은 햇살! 아오 졸려! 푸른 하늘→아오조라(あおぞら)
149. 왜 인간이 원숭이처럼 살우? 원숭이는→사루(さる)
150. 사루(원숭이)는 도망도 잘 가요 떠나다도→사루(さる)
151. 상좀 주쇼! 상은→주쇼(じゅしょう)
152. 기분은 기모찌(きもち)니까 야한 기분→야키모치(やきもち)
153. 중요한 것을 보면 "어머나!"하고 놀라죠. 중요한→오모나(おもな)
154. 이렇게 적게 주시다니.....우수워요 적다→우수이(うすい)
155. 나무는 사람보다 키가 커요 나무→키(き)
156. 유서도 이서해주나요? 유서→이쇼(いしょ)
157. 돈벌러 가네 돈은→카네(かね)
158. 한국에서는 머슴애가 아들인데...... 딸은→무수메(むすめ)
159. 담배는 "수우"하고 들이키는 맛! 피우다→수우(すう)
160. 가스는 빌릴 수 없지..... 빌리다→가스(かす)
161. 아빠도 찌찌가 있어요? 아빠→치치(ちち)
162. 하하 벌써 네가 엄마가 되었다니...... 엄마→하하(はは)
163. 다시 가서 확인해봐! 확인하다→타시카메루(たしかめる)
164. 감까기! 떫으니까 까서 먹어야지 감→카키(かき)
165. 그 남자는 카레를 좋아한데나..... 그 남자→카레(かれ)
166. 스키타러 가래..... 가레→스키(すき) : 삽 모양의 농기구
167. 에미야 게다가 선물까지....고마워 선물→오미야게(おみやげ)
168. 오래된 청자는 새지 않니? 청자→세이지(せいじ)
169. 나를 들들 보꾸지마 나→보쿠(ぼく)
170. 싣고 가는 게 노루 아냐? 싣다→노루(のる)
171. 제집 가는 길도 잊다니..미치겠군 길→미치(みち)
172. 나마리야 충청도 사투리 써 사투리→나마리(なまり)

173. 버리려다 아까워 도루 집었어	집다→도루(とる)
174. 탁탁거리구 싸우면 안 돼	싸우다→타타카우(たたかう)
175. 네 땅보다 내 땅이 더 비싸지	값→네당(ねだん)
176. 하~ 이 아픈 건 못 참아	이→하(は)
177. 강가에 앉아서 로뎅을 생각한다.	생각하다→강가에루(かんがえる)
178. 감기에 가제 붙인다고 났냐?	감기는→가제(かぜ)
179. 너의 얼굴이 보기 싫어 가오.	얼굴은→가오(かお)
180. 연못에서 낚시나 하고 있게!	연못은→이케(いけ)
181. 연말이라 보신각 종치러가네	종→카네(かね)
182. 그놈 또 화투 하나부다.	화투는→하나후다(はなふだ)
183. 해물은 내장이 와따!	내장은→와타(わた)
184. 로푸에 바짝 매어 팔려가는 당나귀	당나귀는→로바(ろば)
185. 철조망으로 막혀있지 봐 저게 목장이야.	목장은→마키바(まきば)
186. 문 닫어 임마! 다녀온 지가 언젠데......	다녀왔어요→다다이마(ただいま)
187. 남이야 술집에 가든 말든	술집은→노미야(のみや)
188. 거짓이니까 나는 웃소	거짓말은→우소(うそ)
189. 다 치워 버스는 지나갔어!	지나다→다츠(たつ)
190. 껌은 씹는 거야 무는 것이 아니라.....	물다→카무(かむ)
191. 오오우! 덮치면 큰일!	덮다→오오우(おおう)
192. 옥이는 부채춤을 잘 춘다지	부채→오우기 (おうぎ)
193. 나는 서투르니까 네가 대신 해라.	서투르다→니가테(にがて)
194. 신호위반이면 신고하세요.	신호는→신고(しんごう)
195. 오유 뜨거워!	뜨거운 물→오유(おゆ)
196. 이 글자는 모지?.	글자는→모지(もじ)
197. 더 노세요 즐겁게......	즐겁다→다노시이(たのしい)
198. 하이쿠! 일본詩는 더 어려워	일본詩→하이쿠(はいく)
199. 누렇게 칠하면 돼	칠하다→누루(ぬる)
200. 싫어! 가! 백발이 좋은 사람은 없겠죠.	백발은→시라가(しらが)
201. 아야! 하지 마러유 실수한 거니까	실수하다→아야마루(あやまる)
202. 오! 또 묻혔어?	기저귀→오무츠(おむつ)
203. 미세미세 밀어주세! 장사 번창하도록	가게→미세(みせ)
204. 다케라 모든 보물	보물은→다카라모노(たからもの)
205. 오모야! 야한일이 안채에서	안채→오모야(おもや)
206. 우칼까유(어찌할까유)	묻다→우카가우(うかがう)
207. 칼은 위험하니까 갇다놔!	칼은→카타나(かたな)
208. 유적을 도굴한 놈은 이 새끼	유적→이세키(いせき)

209. 경치 좋은 곳에 쉬한 놈은 개새끼	경치→게시키(けしき)
210. 장례식 날 춤추는 놈은 소새끼	장례식은→소시키(そうしき)
211. 결혼식은	결혼식→게콘시키(けっこんしき)
212. 우박 떨어지는 소리 "효-"	우박→효우(ひょう)
213. 너는 떡국이 좋으니?	떡국→조우니(ぞうに)
214. 술은 내가 사께.	술→ 사케(さけ)
215. 오! 사나이로서는 아직 어려	어리다→오사나이(おさない)
216. 이 길은 넘어가는 코스야	넘다→코스(こす)
217. 쓸모없는 실이라구 마구 감지마라	감다→마쿠(まく)
218. 고놈이 딴 여자와 좋아 지낸다구?	좋아함→고노미(このみ)
219. 이제 그만 다니고 가요우	다니다 →가요우(かよう)
220. 우매 맛있는 거	맛있다→우마이(うまい)
221. 그 병은 다 고쳐서 나았습니다.	고치다→나오스(なおす)
222. 나야 뭐 고민이 없어서 고민이지....	고민하다→나야무(なやむ)
223. 여자에겐 요리보다 귀찮은 건 없지	~보다→~요리(より)
224. 타오르니까 무너지지	무너지다→타오레루(たおれる)
225. 아이만 남겨놓고 쓰러지다니......	남기다 →노코스(のこす)
226. 사랑하는 사람과 bye-bye하는 경우......	경우→바아이(ばあい)
227. 하! 이리루 들어가는 수밖에......	들어가다는→하이루(はいる)
228. 오! 멋져 이장난감 사줘요	장난감→오모차(おもちゃ)
229. 고추는 요령(설명 못함)	요령은→고츠(こつ)
230. car! 에라 바꾸자 티코로......	바꾸다→가에루(かえる)
231. 얼레꼴레 이것저것 다보이네.	이것저것→아레코레(あれこれ)
232. 후미진 모퉁이는 산기슭	산기슭→후모토(ふもと)
233. 돈은 모아서 개 같이 쓰면 안 돼요	돈을 벌다→모우케루(もうける)
234. 이쁘게 부를 때는 요보	부르다→요부(よぶ)
235. 마누라는 뇨보	마누라→뇨보(にょうぼう)
236. 쿡쿡 루푸로 묶으면 안 풀려	묶다→쿠쿠루(くくる)
237. 비오는 날 세차해야 도로 진흙투성이	진흙→도로(どろ)
238. 우엥! 그것 보오	우엉→고보우(ごぼう)
239. 구름을 몰아왔으니까	흐리게 하다→구모라스(くもらす)
240. 오! 소름끼쳐	공포심→오소레(おそれ)
241. 아이를 업을 때 "오부우-".	업다→오부우(おぶう)
242. 아야말우 사과할테니까......	사과하다→아야마루(あやまる)
243. 누구 닦아줄 사람 없소?	닦다→누구우(ぬぐう)
244. 여자는 고무신, 남자는 우와기를 바꿔 입으면	외도, 첩→우와끼(うわき)

245. 하루까 이틀일까 아뭏튼 까마득한 날에 까마득한→하루카(はるか)
246. 그놈 모자 쓰고 까부러 쓰다→카부루(かぶる)
247. 부츠신고 때리면 최소한 사망 때리다→부츠(ぶつ)
248. 올빼미는 부끄러워 밤에만 다닌다. 올빼미→후꾸로우(ふくろう)
249. 악어가 왔니? 도망가자.. 악어→와니 (わに)
250. 꿩이 기지개를 펴면 잡기 어려워 꿩은→키지(きじ), やけい라고도 함
251. 무의식 중이라고 "뭐 이세키!" 하면 안 돼 무의식→무이시키(むいしき)
252. 이 세상에 미미한 동물은 지렁이다. 지렁이는→미미즈(みみず)
253. 미미즈를 쿡! 먹는 놈은 부엉이다. 부엉이→미미즈쿠(みみずく)
254. 추어탕 맛있어요, 더 줘요 미꾸라지→도죠우(どじょう)
255. 찌찌만 붙잡고 사는 사람의 약자. 유방→치부사(ちぶさ)
256. 지지면 오그라들게 마련 오그라들다→치지무(ちぢむ)
257. 나이를 먹으면 수염도 희게 된다. 수염은→히게(ひげ)
258. 계층적인 단계 단계→케타(けた)
259. 뇌는 no(없는 사람 없어요) 뇌는→노(のう)
260. 시험 봐서 죽 쑨 사람 가는 곳 사설학원→주쿠(じゅく)
261. 집지을 땐 기둥부터 세우게 하시라! 기둥→하시라(はしら)
262. 얼마나 때렸으면 저렇게 나구루?. 때리다→나구루(なぐる)
263. 여기서 자리? 미친놈아! 자갈길은→자리미치(じゃりみち)
264. 썰매 타는 소리? 썰매→소리 (そり)
265. 기업의 성공도 기교가 있어야 기업은→기교-(きぎょう)
266. 아이 부끄러워..... 애무→아이부(あいぶ)
267. 아이구 숨차 숨차다→아에구(あえぐ)
268. 총각에게 아가씨는 등불이나 다름 없죠 등불은→아카시(あかし)
269. 오! 도깨비는 밖에 있데요 도깨비→오바케(おばけ)
270. 다 놓고 물러가다. 물러서다→노쿠(のく)
271. 아지랑이 펴오르면 가슴이 두근두근 아지랑이, 안개→가스미(かすみ)
272. 그 파초 좀 파쇼 파초는→바쇼(ばしょう)
273. 두릅은 산에 가서 따라 두릅→타라(たら)
274. 이것은 꼭 알아야죠(꽃 중에 kinger) 무궁화→킹카(きんか)
275. 물이 "좌-"하고 나오는 꼭지 수도꼭지→자구치(じゃくち)
276. 분기점이 생기도록 마구 구기리 분기점→쿠기리(くぎり)
277. 고자에겐 있으나마나 돗자리→고자(ござ)
278. 홀아비에겐 고게 최고 과부는→고케(ごけ)
279. 향나무 밑에서 코박구 서는 벌이 제일 힘들어 향나무→코우보쿠(こうぼく)
280. 동물의 교미도 흥미는 있게 마련 흥미→교미(きょうみ)

281. 매를 맞으면 무지 아파요	매→무치(むち)
282. 토끼가 달 따오기 놀이를 한다	따오기→토키(とき)
283. 추석날밤의 달은 오봉(쟁반)같대요	추석→오봉(おぼん)
284. 바뀌어라 얏!	둔갑하다→바케루(ばける)
285. 새끼줄로 묶어서 끌고나와!	밧줄→나와(なわ)
286. 흙은 지지야	흙은→츠치(つち)
287. 사또의 건강을 묻는 전화가 쇄도한다	쇄도→삿토우(さっとう)
288. 너 이젠 관둬! 인연을 끊는 거야	인연을 끊다→간도우(かんどう)
289. 갈대의 멋을 아시나요	갈대는→아시(あし)
290. 예쁜 색시도 부르면 올 꺼야	포주집은→오끼야(おきや)
291. 추우면 귀찮아서 요강에다 "쉬-"	오한→오캉(おかん)
292. 우서리는 잔돈이야!	잔돈→오츠리(おつり)
293. 귀신은 밤에만 오니?	귀신→오니(おに)
294. 어려워도 가만히 참고 견뎌봐	참고 견딤→가만 (がまん)
295. 낫 들고 벌초하러 가마	낫은→카마(かま)
296. 오 신이시여 미끼는 아니니 한잔 쭉......	신에게 바치는 술→오미끼(おみき)
297. 일본어 공부도 하다가 마나부네!	배우다→마나부(まなぶ)
298. 그 선수 무척 센데	선수→센테(せんて) : 먼저 수를 놓음
299. 저 안경테는 금부치로 만들었네	금테→킴부치(きんぶち)
300. 그림이 그려진 무명옷감 참 멋져 사라사	그림이 있는 무명옷감→사라사(サラサ)
301. 거지같은 행색을 한 것을 보니 고아인모양이지?	고아→고지(こじ)
302. 조새끼는 상식도 없는 놈이야	상식→조시끼(じょうしき)
303. 야! 가만히 있어! 시끄럽다니까	시끄럽다→야카마시이 (やかましい)
304. 처마 끝에 고드름이 주루루 매달렸네	고드름→츠라라(つらら)
305. 하마가 자고 있어 가봐	하마→카바(かば)
306. 꼬마들이 즐기는 놀이는 팽이치기지	팽이→코마(こま)
307. 가축을 기르려면 들판에 놓아라	들판→노하라(のはら)
308. 태양에 가까이가면 타요	태양→타이요우(たいよう)
309. 요즘 북한에선 보리도 무기가 될 수 있어	보리→ 무기(むぎ)
310. 동료들의 모임이라면 나가마	동료→나카마(あかま)
311. 새끼줄로 묶어서 끌고나와	새끼줄→나와(なわ)
312. 하리핀은 바늘이라는 일본어야	바늘→하리(はり)
313. 야매루 하지 말고 그만둬! 들통난다고!	그만두다→야메루(やめる)
314. 매를 맞으면 무지 아퍼	매, 채찍→무치(むち)
315. 사위 놈 행동이 저게 무꼬?	사위→무꼬(むこ)
316. 아차 실수하면 멍들어	멍→아자(あざ)

317. 쭉-가레 피곤해 죽겠는데… 피곤→츠카레(つかれ)
318. 옷을 벗으니까 누구인지 알 수 없네 벗다→누구(ぬぐ)
319. 관둬! 오늘부터 인연을 끊은 거야 인연을 끊다→칸도우(かんどう)
320. 싱거우면 소금을 넣으시오 소금→시오(しお)
321. 사루마다가 팬티라는 것 다 알죠? 팬티→사루마타(さるまた)
322. 물건을 팔려면 "사소"하고 유혹해야죠 유혹하다→사소우(さそう)
323. 오우라이! 스톱!은 길거리에서 흔히 볼 수 있죠 길거리→오우라이(おうらい)
324. 무꾸(무우의 사투리)는 까야 먹지 까다→무꾸(むく)
325. 말 탈 때는 가랭이를 벌려야 가랭이→마타(また)
326. 하루에 갈수 없는 까마득한 거리 까마득한→하루카(はるか)
327. 가오리회가 맛있다더니 에이! 별 거 아니군 가오리→에이(えい)
328. 가위 -바위 -보는 잘 알죠? 가위바위보→장켕(じゃんけん)
329. 곰은 "쿠마" 손은 "데" 그러니까 갈퀴는 곰의 손과 같다 갈퀴→쿠마데(くまで)
330. 개미에게 물리면 아리다 개미→아리(あり)
331. 곡식 중에 제일 꼬마는 "깨" 깨→고마(ごま)
332. 걸레도 빨 겸 조깅도 할 겸 일거양득이어요 걸레→조우낑(ぞうきん)
333. 게는 옆으로 가니? 게→카니(かに)
334. 겐세이 놓지 말구 네 일이나 잘해 견제→켄세이(けんせい)
335. 산불나면 계곡도 타니? 계곡→타니(たに)
336. 다슬기는 니나 먹어라 다슬기→니나(にな)
337. 걷기 힘드니까 뭐라도 타고가요 탈것→가요(がよ)
338. 나밉다고 서러워 눈물 흘리지 마라 눈물→나미다(なみだ)
339. 에라이 나쁜 놈 제사진이 훌륭하다고? 훌륭하다→에라이(えらい)
340. 얼음도 예쁘게 조각하면 고우리 얼음→코오리(こおり)
341. 아끼래두 어이없이 다써버렸네 어이없다→아끼레루(あきれる)
342. 이 아이가 자기아이라고 두 여자가 실랑이다 실랑이→이이아이(いいあい)
343. 다봐! 코로 연기가 나지? 담배→다바코(たばこ)
344. 아이가 쪼금쪼금 아장아장 걷지요 아장아장→쪼코쪼코(ちょこちょこ)
345. 자포자기하지 말고 야! 깨라 깨! 자포자기→야케(やけ)
346. 유감 있어? 왜 그리 삐딱하니 삐뚤어지다→유가무(ゆがむ)
347. 아오! 구름한 점 없네 하늘 좀 쳐다봐! 쳐다보다→아오구(あおぐ)
348. 어이할꼬 부모와 자식이 다 쫓아왔으니… 부모와 자식→오야코(おやこ)
349. 갓난아이 보고 새끼씨라고 갓난아이→세끼시(せきし)
350. 값이 내려가면 사가리… 내려감→사가리(さがり)
351. 반반씩 나누어 하면 충분히 할 수 있어 충분히→반반(ばんばん)

352. 얼룩말이야 한번 봐	얼룩말→한바(はんば)
353. 수레를 끄는 말도 "밤바"하고 해(차 앞부분)	수레를 끄는 말→밤바(ばんば)
354. 지명하기 전에 나 자수할래	지명하다→나자스(なざす)
355. 할아버지 수염은 희게 마련이죠	수염→히게(ひげ)
356. 우-하고 다 모여서 계를 하는 것 같은 잔치	잔치→우타게(うたげ)
357. 이 구멍은 왜 뚫었는지 자네는 아나?	구멍→아나(あな)
358. 고개길은 힘드니까 내가 도울께	고개→토우게(とうげ)
359. 발음이 비슷해요	주춤→추쵸(ちゅうちょ)
360. 가스도 찌꺼기가 있나	찌꺼기→카스(かす)
361. 불구자에게 "갔다 와?"라고 시키면 되나!	불구→카타와(かたわ)
362. 바로 옆이니까 갔다 와라	바로 옆→카타와라(かたわら)
363. 가시나무는 비슷해요	가시나무→카시(かし)
364. 해가 났다! 해났다	양지→히나타(ひなた)
365. 요즘 배꼽티의 매상이 호조를 이루죠	배꼽→호조(ほぞ)
366. 울으면 눈가에 물기가 서려요	물기를 머금다→우루무(うるむ)
367. 어차피 도울 거라면 지금 도우세	어차피→도우세(どうせ)
368. 빵은 앙코가 제일 좋고 여자는 처녀가...	처녀→앙코(あんこ)
369. 대머리는 가발을 갖추라	가발→카츠라(かつら)
370. 은행나무는 어디가나 있죠	은행나무→잇쵸(いちょう)
371. 간질여도 못 느끼는 사람은 없을껄	느끼다→칸지루(かんじる)
372. 지신(땅의 귀신)이 지진을 일으키나와	지진→지신(じしん)
373. 그 음식은 보기 좋고 더구나 맛있데	더구나→마시테(まして)
374. 줄래 못 줄래 다투면 갈등만 커져요.	갈등→모추레(もつれ)
375. 조게 상하를 따져? 버릇없이..	상하→조게(じょうげ)
376. 야야! 조금만 힘을 내.	조금→야야(やや)
377. 깐 건데 다시 까니? 확실하군.	확실히→타시카니(たしかに)
378. 가만히 있어! 참으라구.	참다→가만(がまん)
379. 남을 조롱하면 나쁘리.	조롱함→나부리(なぶり)
380. 야마시는 알지요. 사기꾼이라는 것.	사기꾼→야마시(やまし)
381. 이모가유~고구마죽 만들어 줬씨유~	고구마죽→이모가유(いもがゆ)
382. 임마! 임마! 씨이! 분해 죽겠네!	분하다→이마이마시이(いまいましい)
383. 이데루 얼어버리면 안 돼.	얼다→이테루(いてる)
384. 얼마 후에 떠나면 그만이지 잊으래.	얼마 후→이즈레(いずれ)
385. 사자보고 시시하다니.	사자→시시(しし)
386. 유도리는 아시죠.	여유→유토리(ゆとり)
387. 나쁜 소문이지만 얼마나 웃기나	나쁜 소문→우키나(うきな)

388. 배위에서 잠든 꼴은 더 웃기네　　배 위에서 잠→우키네(うきね)

389. 아쿠! 다 날라오네 먼지가....　　먼지→아쿠다(あくた)

390. 아빠아빠! 그건 엄마 원피스야! 입으면 안 돼　　원피스→압팟파(あっぱっぱ)

391. 화투판에서 쇼당!　　상담→소우당(そうたん)

392. 화투판에서 기리!　　끊기→키리(きり)

393. 당구장에서 오시!　　밀기→오시(おし)

394. 당구장에서 히끼!　　끌기→히키(ひき)

395. 당구장에서 시로!　　흰색→시로(しろ)

396. 남을 괴롭히면 나쁘리....　　괴롭힘→나부리(なぶり)

397. 나리! 모양이 별로 좋지 않사옵니다.　　모양, 형상→나리(なり)

출처 : 일본어 단어 400 리스트 |작성자 paul0212

■ 참고문헌

김상원·차진아(2007), 기초 일본어, 형설출판사

김연심·손숙자·유혜경(1997), 기초일본어, 백산출판사

김지룡(2001), 구닥다리 일본어는 가라, 중앙 M&B

이인식(1983). CBS 일본어 교실. 기독교방송

■ **김 상 원(金相元 / Kim, Sang Won)**

[학력 및 경력]

- 경기대학교 관광대학 관광경영학과 학사
- 일본 릿쿄(立教)대학 대학원 관광학연구과 석사
- 경기대학교 일반대학원 관광개발학과 박사

- 대원공과대학, 경기대학교, 배재대학교, 안양대학교, 안양과학대학, 극동정보대학, 우송대학교, 세종대학교, 숭실대학교 외래교수
- 두뇌한국(BK)21 연구원
- (주) 시티넷 여행사 일본팀 주임
- 한국종합경제연구원 학술연구실장
- 2011 고용노동부 지역맞춤형 사업 평가위원
- 2011 중소기업청 소상공인진흥원 시니어창업스쿨 비즈코치

현) 정화예술대학 관광학부 항공서비스학과 조교수

[주요 저서 및 논문]

- 포스트 테마파크(공역), 일신사, 2000, 2004, 2007.
- 관광일본어(공저), 일신사, 2005.
- 관광학, 대왕사, 2007, 2013
- 가요가사로 읽는 여행, 대왕사, 2011.
- 여행업실무(공저), 광문각, 2012.

- 日·韓 テーマパーク空間における ディズニー精神の受容に関する比較研究(석사논문)
- 관광지 재방문의 동기, 제약, 협상이 재방문 의사에 미치는 영향(박사논문)
- 일본 유원지(테마파크) 역사에 관한 일고찰
- 제주도 방문 전후의 이미지 차이
- 워터파크 개발 사례연구
- 관광지로서 독도에 관한 일고찰
- 한국 유원지(테마파크) 역사에 관한 일고찰
- 학점은행제 관광 관련학과 교과목의 비판적 고찰
- 관광 관련 자료의 일본어 표기 오류
- 대중가요 가사에 나타난 여행의 의미
- 윈터스 지수평활법을 이용한 제주도 관광객 수요예측
- 신혼여행지 재방문 제약협상이 재방문 의사에 미치는 영향

[주요 통역]

- LG, POSCO 일본 연수단 통역
- SK 텔레콤 고객 불만사항, 기아정공 법률관련 서적 번역
- 서울대 산림청(생태관광) 프로젝트 일본답사팀 통역
- 세계중소기업자대회, 한일문화심포지엄 일어통역 및 진행요원
- 한일벤처기업 업무 제휴식 통역
- 명소 IMC 강원도 화천군 일본 연수단 통역
- 삼성 리빙 프라자 일본인 고문 통역사

기초 일본어

● **발행일**
2013년 2월 20일 초 판 인쇄
2013년 2월 28일 초 판 발행

● **저 자**
김 상 원

● **발행인**
한 인 환

● **발행처**
도서출판 **기 문 사**
서울시 동대문구 용두2동 730-4번지 홍신빌딩 3층
전 화 : 02)2265-7214, 922-8662~8663
팩 스 : 02)922-8772
homepage : www.kimoonsa.co.kr
e-mail : book@kimoonsa.co.kr
등 록 : 1978. 8. 9. NO. 6-0637
ISBN : 978-89-7723-570-0 93730

저자와의
협의하에
인지생략

〈정가 : 15,000원〉